Eine kulinarische
Entdeckungsreise
entlang der Mosel

Ursula und Peter Schneider • Jürgen Schulzki

Eine kulinarische Entdeckungsreise entlang der Mosel

UMSCHAU:

Die Zahlen in der Karte sind identisch mit den Seitenzahlen der einzelnen Betriebe in diesem Buch und bezeichnen ihre Lage entlang der Mosel.

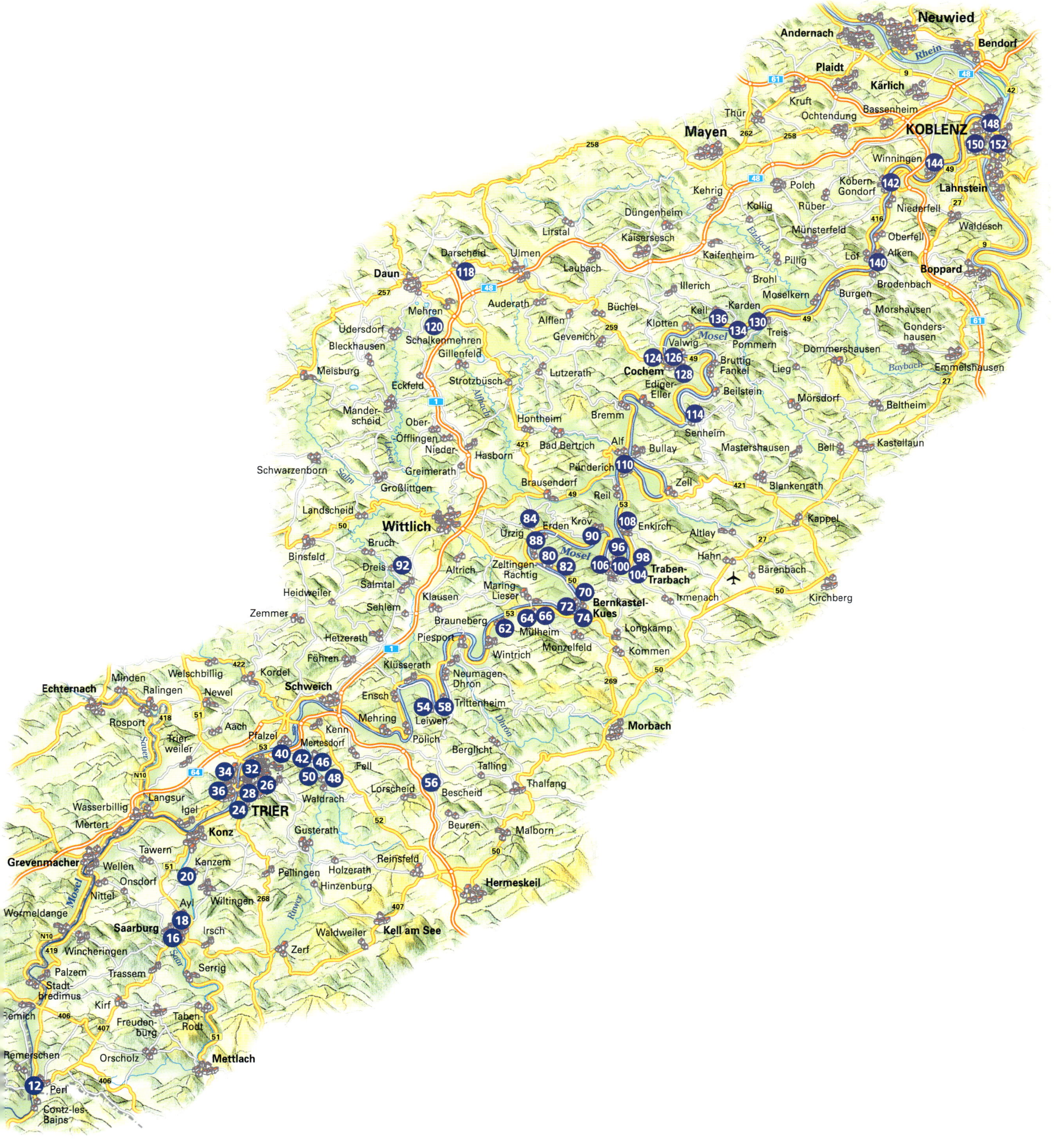

Neuwied
Andernach
Bendorf
Rhein
Plaidt
Kärlich
Kruft
Ochtendung
Bassenheim
Thür
Mayen
KOBLENZ
148
150
152
Winningen
144
142
Kobern-Gondorf
Lahnstein
Polch
Kehrig
Kollig
Rüber
Niederfell
Düngenheim
Kaisersesch
Münsterfeld
Waldesch
Oberfell
Alken
Lirstal
Kaifenheim
Elzbach
Pillig
Löf
140
Boppard
Darscheid
Ulmen
Laubach
Brohl
Daun
118
Illerich
Moselkern
Burgen
Brodenbach
Auderath
Büchel
Keil
136
Karden
130
134
Morshausen
Mehren
120
Alflen
Klotten
Treis
Gonders-hausen
Üdersdorf
Schalkenmehren
Gevenich
Valwig
Mosel
Pommern
Bleckhausen
Gillenfeld
124
126
Bruttig-Fankel
Dommershausen
Meisburg
Eckfeld
Strotzbüsch
Lutzerath
Cochem
128
Lieg
Baybach
Emmelshausen
Ediger-Eller
Beilstein
Mörsdorf
Mander-scheid
Alfbach
Ober-Öfflingen
Hontheim
Bremm
114
Beltheim
Senheim
Lieser
Nieder-
Hasborn
Bad Bertrich
Alf
Bullay
Mastershausen
Bell
Kastellaun
Schwarzenborn
Salm
Greimerath
Pünderich
110
Brausendorf
Zell
Großlittgen
Blankenrath
Reil
Landscheid
Wittlich
84
Erden
Kröv
108
Enkirch
Kappel
Ürzig
88
90
Altlay
Bruch
96
98
Binsfeld
80
Mosel
Hahn
Dreis
92
82
106
100
104
Traben-Trarbach
Zeltingen-Rachtig
Altrich
Bärenbach
Salmtal
Maring-Lieser
70
Heidweiler
Klausen
Irmenach
Kirchberg
Sehlem
72
Bernkastel-Kues
Zemmer
64
66
74
Brauneberg
62
Mülheim
Longkamp
Hetzerath
Piesport
Monzelfeld
Kommen
Föhren
Klüsserath
Wintrich
Echternach
Minden
Welschbillig
Kordel
Schweich
Neumagen-Dhron
Ralingen
Newel
Trittenheim
54
58
Ensch
Rosport
Aach
Mehring
Leiwen
Dhron
Morbach
Trier-weiler
Pfalzel
Kenn
Sauer
Mertesdorf
Pölich
Berglicht
40
42
46
34
32
Fell
Talling
36
28
26
50
48
56
Lorscheid
Thalfang
Langsur
Bescheid
Wasserbillig
Igel
24
TRIER
Waldrach
Mertert
Beuren
Konz
Gusterath
Malborn
Tawern
Grevenmacher
Wellen
Kanzem
20
Reinsfeld
Onsdorf
Pellingen
Holzerath
Hermeskeil
Nittel
Hinzenburg
Mosel
Ayl
Wiltingen
Wormeldange
18
Ruwer
Saarburg
Irsch
16
Waldweiler
Kell am See
Wincheringen
Zerf
Saar
Palzem
Serrig
Trassem
Stadt-bredimus
Kirf
Remich
Taben-Rodt
Freuden-burg
Remerschen
Orscholz
Mettlach
12
Perl
Contz-les-Bains
61
9
48
42
262
258
258
48
49
27
416
9
257
48
259
49
61
49
27
1
421
421
53
49
50
27
50
1
53
422
269
50
418
51
51
53
N10
64
52
50
51
268
407
N10
419
406
407
51
406

INHALT

Berncasteler Doctor
Riesling Spätlese
2000

Vorwort

Die Mosel mit ihren romantischen Dörfern und Kulturdenkmälern gilt weltweit als eine der schönsten Landschaften. Der Weinbau in den steilen Schieferhängen prägt das Tal, ebenso wie an der unteren Saar und Ruwer. Die hier erzeugten feinfruchtigen Rieslinge haben eine lange Tradition und waren beispielsweise vor 100 Jahren an den Königshäusern begehrter und teurer als französische Bordeauxweine. Vieles hat sich seitdem verändert.

Nach wie vor wachsen in den erstklassigen Steillagen einzigartige Rieslinge. Doch solche Weine zu erzeugen, erfordert einen enormen Aufwand und hohen persönlichen Einsatz, den nicht jeder Betrieb erbringt. Und so liegen Licht und Schatten an der Mosel oft nahe beieinander. Wir finden Spitzenbetriebe von Weltgeltung und Fassweinerzeuger, die um´s Überleben kämpfen. Das ist kein Widerspruch, sondern Zeichen eines Wandlungsprozesses, der zur Zeit in vollem Gange ist. Nur mit hochwertigen Weinen hat die Region eine Chance auf dem globalisierten Weinmarkt. Immer mehr Winzerbetriebe setzen sich deshalb hohe Qualitätsziele und prägen das positive Bild der Mosel. Im aktuellen „Gault Millau WeinGuide“ kommen die besten Winzer aus dem Anbaugebiet Mosel-Saar-Ruwer.

Auch auf der gastronomischen Seite gibt es Bewegung. Hervorragende Landgasthöfe und erstklassige Restaurants mit stilvollem Ambiente verwöhnen Gäste, die mehr erwarten als nur „Landschaft“ und „Schunkelromantik“. Immer mehr Gastronomen und Winzer führen gemeinsame Aktionen durch, um die Region noch attraktiver zu machen. Die „Köche und Winzer von der Terrassenmosel“ sind dafür ein gutes Beispiel, ebenso wie das erfolgreiche „Wein- und Gourmet-Festival“, das von Trier bis Koblenz reicht. Mit Veranstaltungen wie „Kammerwein des Jahres“ und „Wein im Schloss“ unterstützt die IHK das Qualitätsstreben.

Es macht Spaß, an Mosel, Saar und Ruwer auf kulinarische Entdeckungsreise zu gehen. Der Bildband stellt Ihnen hervorragende Restaurants, Weingüter und andere Erzeuger vor, die einen Besuch lohnen. Das Spektrum reicht dabei vom deftigen Vesper beim Winzer bis zu den Kreationen eines Drei-Sterne-Koch. Entdecken Sie die Mosel!

Herzlichst
Ihr

Hans-Jürgen Podzun

Hauptgeschäftsführer
der IHK Koblenz

Genuss am Fluss

Als Gott das Moseltal schuf, muss er in euphorischer Stimmung gewesen sein. Zwar gab es den Moselwein erst später, doch allein der Vorgeschmack darauf könnte ihn zu dieser bezaubernden Laune inspiriert haben. Kein anderer europäischer Fluss weist so überraschende Schleifen, keiner so enge Mäander auf. Hinter jeder Windung verändert sich das Landschaftsbild und gibt neue Ausblicke frei. Eingebettet in die grünen Höhen von Hunsrück auf der einen und Eifel auf der anderen Seite folgen endlose Rebhänge der Sonnenwärme und dem eigenwilligen Flusslauf durch das Rheinische Schiefergebirge. Dazwischen Burgen, Schlösser und die malerischen Weinorte mit ihren alten Höfen, Kirchen und Kapellen. Eine Landschaft – einfach zum Verlieben.

Mosella, was ursprünglich „kleine Maas" bedeutet, beginnt ihre Reise in den Südvogesen. Mehr als die Hälfte ihrer insgesamt 545 km fließt sie durch französische Lande und streift als Grenzfluss auch Luxemburg. Doch den ganzen Zauber ihrer Reize enthüllt sie erst auf deutscher Seite. „De kromm Musel", so schalkhaft-prosaisch in moselaner Mundart, brachte Dichter, Landschaftsmaler und Reiseschriftsteller ins Schwärmen, gab Filmen ihre romantisch-stimmungsvolle Kulisse und zieht jährlich Millionen Besucher in ihren Bann. Dennoch ist sie bis heute liebenswert bescheiden und beschaulich geblieben.

Moselland ist Weinland. Die Kultur der Reben prägt Land und Leute in dieser heiter-bukolischen Landschaft seit Jahrtausenden. Und wo Wein wächst, haben Gastlichkeit, Geselligkeit und Genuss Tradition. Die Freundlichkeit der Menschen, der landschaftliche Zauber des Flusstals und der Wein gehen eine glückliche Symbiose ein, die – zusammen mit dem milden Klima und der fast südlichen Fauna und Flora - an mediterrane Gefilde erinnert. „Lasst uns den glücklichen Fluss besingen, der froh durch die grünen Fluren hinabzieht, ihn fromm darbringend den Wellen des Rheins" dichtet 371 n. Chr. Decimus Magnus Ausonius, seinerzeit Prinzenerzieher am römischen Kaiserhof zu Trier, in seiner „Mosella". Es ist die erste der vielen poetischen Flussfahrten, die uns überliefert sind. Kelten, Römer und Franken prägten das Land. Antike und christliche Epochen formten seit mehr als 2 000 Jahre diese uralte Kulturlandschaft und machten sie zu einer wahren Schatzkammer historischer Kostbarkeiten. Nicht nur in den Verwaltungszentren Trier und Koblenz, sondern auch in den kleineren Städten und Dörfern zu beiden Seiten des Flusses, die ihren Ursprung meist keltischen Siedlungen, römischen Kastellen oder Landsitzen verdanken.

Das romantische Flusstal mit seinen vielen idyllischen Seitentälern ist ein Paradies für Wanderer, Radler und Wassersportler. Überall laden herrliche Ausblicke, lauschige Plätzchen und gemütliche Straußwirtschaften zu geruhsamer Rast und fröhlicher Einkehr. An Übernachtungsmöglichkeiten herrscht kein Mangel. Komfortable Hotels, gemütliche Pensionen und Ferienwohnungen säumen die Ufer zu beiden Seiten und halten für jedes Budget das Richtige bereit. Viele Weingüter bieten dem Gast nicht nur ihre Spezialitäten aus Küche und Keller, sondern auch gleich ein preiswertes Bett, um von beidem noch ein bisschen zu träumen.

„Genuss am Fluss" - so das Motto des alljährlichen Trierer Wein & Gourmet Festivals – heißt an der Mosel immer Augenweide und Gaumenschmaus zugleich. Hier lassen sich Kultur und Kulinarisches besonders schön verbinden. Die Veranstaltungskalender quellen über von Weinfesten, Freizeitspaß und Schlemmerfreuden aller Art. Musikfestivals in historischen Mauern, Theater auf alten Burghöfen, Ritteressen, Römermahle, Weinproben und Sektverkostungen in urigen Kellern oder fürstlichem Ambiente – den Moselanern fällt immer wieder etwas ein, um den kulturellen Reichtum ihrer Region mit Überraschungen für Feinschmecker und Weingenießer zu verbinden.

Unsere kulinarische Entdeckungsreise folgt dem Lauf der Mosel von Perl bis Koblenz mit lockenden Seitensprüngen in die Täler von Saar und Ruwer sowie in den nahen Hunsrück und die Eifel. Wir haben uns auf die Suche gemacht nach den besten Häusern und stimmungsvollsten Plätzen.

Dabei gab's natürlich auch Enttäuschungen. Nicht jeder Gastronom und Winzer hat die Zeichen der Zeit erkannt. Doch wo mit Qualitätsbewusstsein die bewährten Traditionen gepflegt und mit persönlichem Engagement und Kreativität weiterentwickelt werden, finden sich wahre Schätze zum Genießen. Speisen Sie mit uns in exquisiten Restaurants, wo Meisterköche verwöhnen. Begleiten Sie uns in die Keller von Winzern, deren Weine international Furore machen. Entspannen und erholen Sie sich dort, wo schon Kaiser, Könige und Kurfürsten tafelten – frei nach einer alten Weisheit aus der Glanzzeit weltlich-geistlicher Herrschaft an der Mosel: „Der Mönche Speis, der Trank der Nonnen, ist Vorgeschmack von Himmelswonnen."

Victor's Residenz-Hotel Schloss Berg

Victor's Residenz-Hotel
Schloss Berg

Schlosshof 9
66706 Perl-Nennig
Telefon 0 68 66-7 90
Telefax 0 68 66-7 91 00
E-Mail info.nennig@victors.de
www.victors.de

Vis-à-vis von Frankreich und Luxemburg, mitten im Dreiländereck, startet die Gastronomie der Mosel diesseits der Grenzen mit einem absoluten Highlight: Victor's Residenz-Hotel Schloss Berg. Das exklusive Hotel oberhalb von Nennig, umgeben von Weinbergen und mit weitem Blick über das liebliche Land, lässt sich nur mit Superlativen beschreiben. Repräsentative Gesellschaftsräume, Luxussuiten, Marmorbäder und ein Vital Resort mit verschwenderischem Komfort erwarten die Gäste im Nobel-Refugium, dazu Nachtbar, Spielcasino und drei vorzügliche Restaurants, die fast das gesamte Spektrum kulinarischer Wünsche abdecken.

Im Landgasthaus „Die Scheune“, einem Gebäude aus dem 16. Jh., serviert Küchenchef Stefan Meiser in urigem Ambiente bei knisterndem Kaminfeuer ländliche Spezialitäten aus der Region. Mediterran inspirierte Tafelfreuden genießen seine Gäste im Restaurant Bacchus, elegant ausgestattet im italienischen Stil. Die Perle des Reigens bildet Victor's Gourmet-Restaurant, stilvoll untergebracht im aufwendig restaurierten Renaissance-Schloss neben dem Hotelneubau. Hier verwöhnt Zwei-Sterne-Koch Christian Bau als Küchenchef und Gastgeber seine oft weitgereisten Gäste. 1998 zog er vom Schwarzwald an die Mosel und ließ noch im gleichen Jahr den ersten Michelin Stern über seiner Schloss-Küche aufgehen. Ein Jahr später folgte schon der zweite – eine Sensation für die Region und gleichzeitig eine Premiere für das ganze Saarland. Der gebürtige Badener kommt aus der Schule von Harald Wohlfahrt, in dessen Gourmettempel „Traube Tonbach“ in Baiersbronn er rund viereinhalb Jahre lernte, wie aus erlesensten, erstklassige Zutaten kulinarische Meisterwerke entstehen.

Christian Bau verfolgt eine klare Linie – ohne modische Trends und gewagte Experimente. Er präsentiert die klassische französische Küche in leichter, zeitgemäßer Form. Einfach und raffiniert zugleich. Der Eigengeschmack aller Ingredienzien bleibt erhalten, die Aromen kommen voll zur Geltung, natürliche „Wahlverwandtschaften“ bestimmen die Komposition. Auch seine Speisekarte liest sich eher schlicht und schnörkellos – doch gerade darum um so verführerischer. Zu den fürstlichen Menüs stehen mehrere hundert edle Weine aus den besten Anbaugebieten Europas, vor allem denen Frankreichs, zur Wahl. Der vorbildliche Service ist Teil jener perfekt eingespielten Mannschaft vor und hinter den Kulissen, ohne die das Zwei-Sterne-Erlebnis nicht möglich wäre. „Alles hier ist reines Teamwork“, meint Christian Bau, und lobt seine junge, gut ausgebildete Crew. Der Meister selbst, bekannt für seine Kompromisslosigkeit, wenn es um Qualität geht, hält sich bei allem Ehrgeiz und Erfolg eher zurück. Im Mittelpunkt steht der Gast und das, was auf dem Teller liegt – eine grandiose Hommage an Sinnenfreude und Esskultur.

Apfelkrusteln auf Vanillesauce mit Zimteis

Zutaten für 8 Personen:

500 g Boskop-Äpfel, geschält und gewürfelt
Saft von 1 Zitrone
80 g Butter
80 g Staubzucker
1 Prise Zimt
Mark von 1 Vanilleschote
80 g Bisquitbrösel
80 g geriebene Mandeln

Zubereitung:

Butter, Staubzucker und Zitronensaft schaumig rühren. Zimt, Vanillemark, Bisquitbrösel und Mandeln unterrühren, Äpfel unterheben. Knödel formen, in geriebenen Mandeln und halbgeschlagenem Eiweiß wälzen, mit Strudelteigstreifen einwickeln, frittieren und mit Zimtzucker bestreuen.

Vanillesauce:

250 g Milch, 250 g Sahne und 100 g Zucker aufkochen. 6 Eigelb mit etwas Milch verrühren, mit der restlichen, kochenden Milch zur Rose abziehen und durch ein Sieb passieren, Mark von 2 Vanilleschoten dazu geben.

Zimteis:

0,5 l Sahne mit 2 Zimtstangen aufkochen, über Nacht ziehen lassen. Sahne mit 100 g Zucker aufkochen, 7 Eigelb mit etwas Sahne anrühren und mit der restlichen Sahne zur Rose abziehen, durch ein Sieb passieren und in der Eismaschine gefrieren.

Ausflug an die Saar

Kanzem

Saarschleife bei Orscholz

Manche behaupten scherzhaft, der beste Mosel wachse an der Saar. Die rassig-eleganten Rieslingweine vom größten Nebenfluss der Mosel genießen jedenfalls weltweit einen exzellenten Ruf. Ihre Spitzengewächse zählen zu den teuersten Weißweinen überhaupt. Auch wenn Land und Leute, Klima und Boden, Geschichte und Kultur die benachbarten Flusstäler eng miteinander verbinden, haben die Weine hier ihren eigenen, unverwechselbaren Charakter. Schon allein deshalb lohnt ein Ausflug entlang der Saar mit ihren hübschen Winzerorten. Doch die Region hat noch mehr zu bieten. Wer das Saartal erwandert oder durchfährt, ist überrascht von der Vielfalt der landschaftlichen Reize, den schönen Weinhöfen und kulturhistorischen Sehenswürdigkeiten. Trotz wechselvoller Geschichte als Grenzland mit immer wieder neuen Besitzverhältnissen blieb der ländlich-idyllische Charakter des Tals erhalten. Wie die Mosel entspringt auch die Saar den Vogesen und windet sich auf ihrem Lauf nach Norden in zahlreichen Schleifen. Doch erst nach dem Hunsrück-Durchbruch, etwa ab Serrig, bietet sie optimale Bedingungen für den Weinbau. Das breiter werdende Tal

Saarburg

Der Leukbach in Saarburg

schafft Platz für langgezogene, nach Süden geneigte Schieferhänge mit intensiver Sonneneinstrahlung vom Frühjahr bis weit in den Herbst hinein. Namen wie Ayl, Wiltingen, Ockfen oder Kanzem stehen für eine jahrtausendalte, gewachsene Weinkultur mit enger Bindung vor allem an Trierer oder Luxemburger Herren.

Vielbesuchte Saarweinmetropole ist das romantische Saarburg, zu beiden Seiten des Flusses inmitten von Wäldern und Weinbergen gelegen. Die Grafen von Luxemburg erbauten 964 die Burg, welche das Städtchen beherrscht und als eine der ältesten Höhenburgen Deutschlands gilt. Die pittoreske, mittelalterlich geprägte Altstadt mit ihren bunten Schiffer- und Fischerhäuschen steht unter Denkmalschutz. Die Stadt geriet im 11. Jh. unter kurtrierische Herrschaft und erhielt 1291 Stadtrecht. Von den gewaltsamen Gebietsaneignungen durch Ludwig XIV. blieb auch sie nicht verschont und wurde in den Reunionskriegen gründlich zerstört. Vom Wiederaufbau in der Zeit des Barock zeugen noch viele schöne Patrizierhäuser.

Saarburger Hof

Saarburger Hof
Hotel Restaurant

Am Fruchtmarkt
54439 Saarburg
Telefon 0 65 81 - 9 28 00
Telefax 0 65 81 - 92 80 80
E-Mail infos@saarburger.hof.de
www.saarburger-hof.de

Das erste Restaurant, das in der Saarweinmetropole mit Fachpersonal professionell geführt wurde, war vor rund einem halben Jahrhundert der „Saarburger Hof" der Familie Diewald. Das traditionsreiche Haus mitten im Herzen der tausendjährigen Stadt zählt auch heute zu den ersten Adressen am Ort. Gabriele und Klaus Diewald, die das Familienhotel 1990 von den Eltern übernahmen, haben das Aushängeschild der Saarburger Gastronomie mehrfach umgebaut und erweitert. Sie wählten mit Sorgfalt und Geschmack Möbel, Accessoires und Farben, passten Gästezimmer und Restauranträume den gestiegenen Ansprüchen an. Was ursprünglich als einfaches bürgerliches Gasthaus mit Bierverlag begann, präsentiert sich jetzt als stilvoll-elegantes Haus, in dem sich Tradition mit modernem Komfort, Bodenständigkeit mit internationalen Standards verbinden.

Die vorzügliche Küche, für die sich der Saarburger Hof in vielen Restaurantführern einen guten Namen machte, läuft unter Klaus Diewalds Regie. Der gelernte Koch, der es bereits mit 21 Jahren zum Küchenmeister brachte, sah den Starköchen Wodarz und Witzigmann über die Schulter und lernte in renommierten Luxemburger Restaurants. Mit seinem kleinen, aber effektiven Team bringt er exquisit zubereitete regionale wie internationale Speisen auf den Tisch. Grüße aus dem Nachbarland wie Marseiller Bouillabaisse, Gänselebervariationen oder Medaillon von der Lotte „provenzalische Art" werden auch die vielen französischen Bürger erfreuen, die in Saarburg wohnen. Von den heimischen Fischen zählt der Saar-Zander zur Spezialität des Hauses. Was Diewalds Küche auch immer verlässt – Entenbrust, Frischlingsrücken oder das Tagesgericht – trägt die Handschrift des Meisters. Die durchgehend gute Qualität auf hohem Niveau ist der Stolz der Familie. „Gute Küche als Tradition", so das Motto im Saarburger Hof, das einfacher klingt als es umzusetzen ist. Für den perfekten, freundlichen und sehr individuellen Service gibt die Chefin selbst das Vorbild ab. Ihre Augen sind überall, wenn es um die Wohl ihrer Gäste geht.

Der guten Küchentradition steht die des Weinkellers in nichts nach. Der Hausherr kennt die Top-Saarwinzer persönlich und

bietet ca. 350 verschiedene Saarweine an. Der Wein wurde ihm zum Hobby, und so existiert neben dem normalen Sortiment – darunter auch eine große Auswahl französischer Kreszenzen – ein „Raritätenkabinett". Die älteste Flasche darin stammt aus dem Jahr 1921. Kenner, die beharrlich suchen, finden hier zum Beispiel noch eine „Riesling feine Auslese" von Egon Müller aus dem Spitzenjahrgang 1949.

SAARBURG

Salat von Wurzelgemüse mit gepökeltem Spanferkel

Zutaten:

300 g Möhren
300 g Sellerie
300 g Petersilienwurzel
300 g Lauch
Essig, Öl
Schnittlauch, Radieschen, Kerbel, Meerrettich, Friséesalat, Radicchio
1 Spanferkelkeule
1 Spanferkelrücken (beides pariert und gepökelt, vom Metzger vorbereiten lassen)

Zubereitung:

Möhren und Petersilienwurzeln schälen, Sellerie ohne Schalen in dicke, runde Balken schneiden, Lauch putzen.
Einen Topf mit Wasser zum Kochen bringen. Spanferkelkeule einlegen, aufkochen und 1/2 Std. ziehen lassen. Spanferkelrücken und das gebündelte Gemüse dazugeben und ebenfalls 1/2 Std. ziehen lassen. Dann das Gemüse in 1/2 cm dicke Scheiben schneiden und noch warm in Essig, Öl und Gewürzen marinieren. Friséesalat und Radicchio putzen und waschen.
Den Salat mit Essig und Öl anmachen und auf die Teller verteilen. Das marinierte Gemüse in die Mitte geben, das gekochte Spanferkel aus dem Topf nehmen und von Keule und Rücken dünne Tranchen schneiden. Über die Teller Meerrettich reiben und mit Radieschen und Kerbel garnieren.

Weinhaus Ayler Kupp

Den kleinen Weinort Ayl zwischen Saarburg und Trier hat seine beste Lage, die „Ayler Kupp", berühmt gemacht. Der steile, nach Süden gerichtete Schieferhang in einem Seitental der Saar, fängt ein Optimum an Sonnenstrahlen ein und ermöglicht den Riesling-Reben die lange Reifezeit, die sie brauchen, um ihr Aromenspiel voll zu entfalten. Das Weingut gleichen Namens weiß diese Gabe der Natur zu schätzen und kultiviert das Potenzial der weltbekannten Lage mit hohem Qualitätsanspruch. Winzermeister Peter Lauer, bereits in der fünften Generation einer langen Weinbautradition, favorisiert ausschließlich Riesling. Er achtet auf umweltbewusste Bewirtschaftung, setzt auf geringe Erträge und selektive Lese. Die unterschiedliche geologische Beschaffenheit innerhalb der Lage Ayler Kupp ermöglicht ein breites Spektrum unterschiedlicher

Weinhaus Ayler Kupp

Trierer Straße 49
54441 Ayl
Telefon 0 65 81-30 31
Telefax 0 65 81-23 44
E-Mail ayler-kupp@t-online.de
www.riesling-weine.de

Ayl

Weine von trocken bis dezent restsüß, die individuell in alten Eichenfässern ausgebaut werden. Jedes Fass trägt eine Nummer, die nach dem Abfüllen auch jeweils auf dem Flaschenetikett dokumentiert wird - eine Besonderheit des Weingutes. Die herausragende Qualität seiner Weine honoriert der Gault Millau mit zwei Trauben. „Genießen mit Wein", so lautet die Devise von Julia und Peter Lauer. Und wie gelänge das besser als in der Verbindung von edlem Wein und gutem Essen. Die Spezialitäten aus dem Keller werden bei den gemütlichen Weinproben in der stilvollen Weinstube harmonisch ergänzt von denen der Küche. Liebevoll stimmt Julia Lauer ihre Kunst am Gutsherd auf die rassigen Rieslingweine ab. Ob drei, fünf oder sechs Probiergläser auf dem Tisch stehen, die Gastgeberin hält passende Pasteten, hausgemachte Suppen oder frische Fisch-Spezialitäten dazu bereit. Das einfallsreiche Angebot – fast nur mit heimischen Produkten – wechselt ständig, je nach Saison und Jahreszeit. Als Klassiker des Hauses gilt die raffiniert verfeinerte Kartoffelsuppe nach altem Familienrezept. Sie schmeckt besonders gut bei einem Picknick auf der „Ayler Kupp", wenn die Familie Lauer zu ihren erholsamen Weinbergswanderungen einlädt. Dabei wird auf einem eigens dafür angelegten Weinpfad auch die geologische Geschichte der Region lebendig. Peter Lauer hat sie zu seinem Hobby gemacht und gemeinsam mit seinem Sohn eine Broschüre darüber verfasst.

Weinberge, Wiesen und ein gepflegter Garten mit duftenden Rosen umgeben das ruhige Haus mit seiner schönen Terrasse im Grünen. Vom selbst gestalteten Weinetikett, der handgeschriebenen Speisekarte bis zu den farbenfrohen Blumenbildern der Hausherrin trägt alles im Weinhaus Ayler Kupp die persönliche Note der Familie. Eine Spezialität des Hausherrn sind die aromatischen, über Jahre in Limousin-Eichenfässern gereiften Rieslingbrände VSOP oder XO. So manchem Gast gaben sie als Digestif nach den Weinproben den Rest für die nötige „Schlafbereitschaft" in den komfortablen Gästezimmern mit Blick auf die Weinberge.

Weingut von Othegraven

Weingut von Othegraven

Weinstraße 1
54441 Kanzem
Telefon 0 65 01-15 00 42
Telefax 0 65 01-1 88 79
E-Mail von-Othegraven@t-online.de
www. von-Othegraven.de

Wie ein schönes Bild aus vergangenen Zeiten liegt das Weingut von Othegraven am Ufer der Saar gegenüber dem tausendjährigen Winzerort Kanzem. Eingerahmt von sehenswerten alten Bäumen in einer weiten Parklandschaft scheint das großzügige Herrenhaus der Zeit seltsam entrückt. Direkt hinter dem Anwesen erhebt sich der Altenberg - oder Kanzemer Berg, wie er früher hieß - ein extrem steiler, nach Süden gerichteter Hang mit mineralienreichem Schieferverwitterungsboden. Dieser Spitzenlage an der Saar verdankt das seit 500 Jahren bestehende Weingut seinen hervorragenden Ruf.

Seit der Säkularisation zu Beginn des 19. Jh. haben hier die Familien Grach-Weißebach-von Othegraven Weingeschichte geschrieben.1996 übernahm Dr. Heidi Kegel das Anwesen von ihrer betagten Tante, Maria von Othegraven. Sie gab für den Weinbau ihren Beruf als Chefärztin der Anästhesie in Köln auf und zog in die vertraute Umgebung, in der sie viele Jahre ihrer Kindheit verbrachte. Mit viel Mut, Energie und Tatkraft gelang es der zielstrebigen Gutsherrin, an die große Tradition des Weinguts von Othegraven anzuknüpfen und die Rieslingweine des Altenbergs in kürzester Zeit wieder in die Spitze der Saargewächse zu bringen. Vorbildlich unterstützt wurde sie dabei von ihrem engagierten und erfolgreichen Kellermeister und technischen Betriebsleiter Stefan Kraml. „Wir sind meist einer Meinung - auf jeden Fall immer, wenn es um den Wein geht", meint die Gutsherrin lächelnd und ist dankbar für das gute Team, das ihr zur Seite steht.
Externen Rat holte sie sich von dem bekannten Rheingauer Winzer Bernhard Breuer. Er bestärkte Heidi Kegel in ihrer konsequenten Qualitätsphilosophie, die der Gault Millau auch 2002 wieder mit zwei Trauben honoriert. Was in der von Saar

und Schiefer gespeicherten Wärme bei optimalen klimatischen Bedingungen heranwächst, wird ausschließlich mit Hand und auf schonendste Weise verarbeitet. Mit „ultraselektiver" Lese baut man kleine und kleinste Gebinde unterschiedlicher Weine aus und offeriert damit ein sehr differenziertes Angebot mit typischem Saarweincharakter: frisch, mit feinduftigen Zitrus- und Schieferaromen und filigranem Körper. Die relativ hohe Säure der Weine garantiert lange Haltbarkeit. 60-70% werden trocken ausgebaut. Den Rest bestreiten die klassischen, fruchtsüßen Weine, Auslesen, Beerenauslesen und Trockenbeerenauslesen. Die Klassifizierung im „Trockenbereich" erfolgt gutsintern: „Kanzem Altenberg Erstes Gewächs" stammt von den ältesten Weinstöcken der Lage sowie aus den von Hand sortierten Trauben größter Reife. Die Mostgewichte liegen meist im Auslesebereich. „Maximus", der Zweitwein von den nächstbesten Partien ist nach Maximilian von Othegraven, dem Paten der Besitzerin, benannt. Als dritte Kategorie folgt schließlich der „Gutsriesling". Der Kanzemer Altenberg ist zwar die beste, doch nicht mehr die einzige Lage des Weingutes. Nach einer vorsichtigen Flächenerweiterung zählen jetzt auch die Spitzenlagen „Wiltinger Kupp" und „Ockfener Bockstein" dazu.

Augusta Treverorum

Porta Nigra

Westfront des Doms

„Als die Römer frech geworden, zogen sie nach Deutschlands Norden ...“, so beginnt Viktor v. Scheffels humorvolles Spottlied auf die Schlacht im Teutoburger Wald (9 n. Chr.), die bekanntlich für die Römer ein böses Ende nahm. Nach der vernichtenden Niederlage durch die Cherusker zogen es die Eroberer vor, sich hinter den Schutz ihres Limes zurückzuziehen und dort die bereits besiegten „Barbaren“ zu zivilisieren. So auch an der Mosel, wo seit Jahrhunderten die keltischen Treverer siedelten. Sie hatten gegen die kriegserfahrenen Legionen keine Chance und wurden vollständig der römischen Herrschaft unterworfen. Bereits im Jahr 16 v. Chr. ließ Kaiser Augustus im fruchtbaren Trierer Talbecken eine Stadt gründen, der er den Namen Augusta Treverorum gab. Es war der Beginn eines beispiellosen Aufschwungs vom militärischen Etappenzentrum zur römischen Weltstadt von Format, deren steinernen Reste noch heute imponieren.

Die alten Römer waren bekanntlich nicht nur begabte Feldherren und grandiose Baumeister, sondern auch echte Genießer. Während die meisten unserer germanischen Vorfahren noch in primitiven Hütten hausten und sich an Fellen und Met wärmten, genoss man in Trier schon Fußbodenheizung, Wellness-Bäder und die Freuden raffinierter Haute Cuisine. Keine andere Stadt nördlich der Alpen barg so viel Pracht und Luxus wie „Roma Secunda“, das zweite Rom, in den ersten Jahrhunderten unserer Zeitrechnung. Mehrere Kaiser residierten hier und verwalteten ein Gebiet, das etwa dem heutigen Westeuropa entspricht.

Den Moselanern brachten die Römer mit ihrer Zivilisation und mediterranen Lebensart eine ganz besondere Gabe an den Fluss: den Wein. Zwar sollen auch die Kelten schon Reben gepflanzt haben, doch mit Sicherheit erhoben erst die römischen Herren die Weinbereitung zur Kellerkunst und machten sich allein dadurch an der Mosel unsterblich. Noch heute ist Trier nicht nur die älteste Stadt Deutschlands, sondern auch eine der größten Weinmetropolen. Im ältesten Weinkeller der Welt reifen hier seit über 1 700 Jahren die besten Moselweine in den Fässern.

Mehr Informationen bei: Tourist-Information Trier

An der Porta Nigra
54290 Trier
Telefon 06 51- 97 80 80
Telefax 06 51- 4 47 59
E-Mai info@tit.de
www.trier.de

Trier

Blick vom Marhuseberg

Rast auf dem Marktplatz

Konstantinbasilika

Wie keine andere Stadt in Deutschland atmet Trier römische Geschichte. Das harmonische Neben- und Miteinander antiker, christlicher und neuzeitlicher Bauten und Monumente machen den besonderen Reiz dieser gemütlich-lebendigen Universitätsstadt aus. Immer noch fließt der Verkehr über sieben Pfeiler der antiken Römerbrücke. Die gewaltige Palastaula, ehemals Thronsaal Kaiser Konstantins und Burg der Trierer Erzbischöfe und Kurfürsten, dient jetzt als evangelische Kirche. Wie eh und je wandeln Einheimische und Besucher durch die Tore der imposanten Porta Nigra, berühmtes Wahrzeichen der Stadt und größtes Stadttor römischer Baukunst, das der Nachwelt erhalten blieb. Das Amphitheater, in dem sich zur Römerzeit bis zu 20 000 Schaulustige bei den beliebten Tierhatzen und Gladiatorenkämpfen vergnügten, ist heute abwechselnd mit den antiken Badeanlagen stimmungsvolle Kulisse der jährlichen Antikenfestspiele. Und in den Ruinen der riesigen Kaiser- und Barbarathermen, die in ihrer luxuriösen Ausstattung einst mit den Bädern Roms konkurrierten, bestaunen wir in den Kellergewölben die Reste der aufwändigen Fußbodenbeheizung. Sämtliche Römerbauten sowie Dom und Liebfrauenkirche erklärte die UNESCO 1986 zum Weltkulturerbe.
Die Stadt weist Sehenswertes aus allen Epochen auf. Bereits um das 3. Jahrhundert Bischofssitz entwickelt sich Trier zum religiösen Zentrum des frühen Christentums mit zahlreichen Sakralbauten. Im Trierer Dom, der ältesten Kirche Deutschlands, feiern Gläubige seit 1500 Jahren die Messe. Das ehrwürdige Gotteshaus ruht zusammen mit der angebauten Liebfrauenkirche, einem Meisterwerk gotischer Kunst, auf Fundamenten und Mauerresten zweier römischer Basiliken. Erst in neuerer Zeit füllt Trier, das heute rund 100 000 Einwohner zählt, den Raum aus, den die antiken Mauern für etwa 80 000 römische Bürger umschlossen. Und noch lange ist nicht alles ausgegraben, was in Jahrhunderten Kaiser, Bischöfe, Kurfürsten und rührige Bürger geschaffen haben. Unter den Fundamenten schlummern die Überreste mehrerer Städte und geben immer wieder spektakuläre Funde frei – so zum Beispiel 1993, als die Schaufeln 2 528 römische Goldmünzen aus der Tiefe holten. Die Museen der Stadt quellen über von kostbaren römischen Mosaiken, edlen Statuen und kunstvollen Reliefs. Eine schier unübersehbare Fülle an Schmuck, Münzen, Gläsern, Geschirr und anderen Utensilien des täglichen Lebens dokumentieren die 2 000-jährige Geschichte der Stadt.
„Wer diese Schönheiten kennen zu lernen begehrt, der verfüge sich an Ort und Stelle, er bringe aber keine Eile mit, denn dem fleißigsten Spaziergänger wird ein Monat kaum genügen, um alle die überraschenden Effekte und Mannigfaltigkeiten jenes trierischen Tales kennen zu lernen," meint Christian von Stramberg in seiner romantischen Reisebeschreibung aus dem Jahr 1837. Wenige Besucher werden sich gleich so viel Zeit nehmen (können), doch Trier ist auch mehr als nur eine Reise wert.

Bischöfliche Weingüter

Bischöfliche Weingüter

Gervasiusstr. 1
54290 Trier
Telefon 06 51- 14 57 60
Telefax 06 51- 4 02 53
E-Mail info@vbwtrier.de
www.vbwtrier.de

Mosel – Saar – Ruwer. Kein anderer Erzeugerbetrieb repräsentiert das Anbaugebiet in so reichem Maße wie die Bischöflichen Weingüter in Trier. Sie besitzen an allen drei Flüssen absolute Spitzenlagen wie Scharzhofberger, Ayler Kupp, Erdener Prälat, Ürziger Würzgarten oder Kaseler Nies'chen. Rund 130 unterschiedliche Gewächse lagern Fuderfass an Fuderfass in ihren Kellergewölben, die sich gut einen halben Kilometer weit unter der Domstadt hinziehen. An den Resten der 2000 Jahre alten römischen Wasserleitung vorbei führt der Weg in den gemütlichen Probierkeller. Allerdings ist die Verkostung bei der Vielzahl exzellenter Weine und Sekte kein einfaches Unternehmen.

Als Napoleon im Zuge der Säkularisierung den gesamten Kirchenbesitz konfiszieren ließ, betraf dies fast ein Drittel aller guten Weinlagen des Gebiets. Einige davon gelangten später wieder an die Kirche zurück, so auch drei der ältesten Besitztümer: „Bischöfliches Priesterseminar", „Hohe Domkirche" und „Bischöfliches Konvikt". Sie umfassen zusammen über

100 Hektar Rebfläche und werden seit 1966 unter der Bezeichnung „Bischöfliche Weingüter“ zentral verwaltet und bewirtschaftet. Einer ihrer Väter ist Clemens Wenzeslaus, der letzte Kurfürst und Erzbischof von Trier. Er rief 1773 das Bischöfliche Priesterseminar ins Leben und schenkte ihm Weinberge an Mosel, Saar und Ruwer. Sie gehörten zuvor dem Jesuitenstift, das vor 400 Jahren den ältesten Teil des Kellers in der Gervasiusstraße anlegte. Auch die „Hohe Domkirche“, zu der der Scharzhof bei Wiltingen an der Saar sowie das Gut Avelsbach bei Trier gehören, hat eine lange Weinbautradition. So befreit ein Statut aus dem Jahr 1249 die Mitglieder des Trierer Domkapitels während der Zeit der Weinlese von ihrer Residenzpflicht. Das „Bischöfliche Konvikt“, ähnlich wie das Priesterseminar eine Stiftung zur Förderung des geistlichen Nachwuchses, besitzt neben dem Eitelsbacher Gut bei Ruwer auch Lagen in Kasel, Avelsbach, Ayl und Piesport. Güterdirektor Wolfgang Richter, der das kulturhistorisch so bedeutsame Unternehmen seit 1980 leitet, setzt ganz im Sinne von Clemens Wenzeslaus auf den Riesling mit einem Anteil von 97 Prozent. Er schätzt ihn in der klassischen Art, rassig mit betonter Fruchtsäure und natürlicher Restsüße. Wie vor Jahrhunderten gärt der Most noch fast zur Hälfte im Fuderfass, auch wenn längst moderne Technik und Rationalisierung in die alten Keller einzogen. Jedes Fass ist gekennzeichnet mit Lage und Qualität für die spätere Klassifizierung der Weine bzw. die Auswahl der Grundweine für den Rieslingsekt, der nach der klassischen Methode der Flaschengärung hergestellt wird. Kellermeister Johannes Becker baut neben seinen erstklassigen Rieslingsweinen mit gutem Erfolg auch Rotweine im Barrique aus, ein besonderes Faible des erfahrenen Fachmanns. Nicht alle erlesenen Kreszenzen gehen übrigens außer Haus. Getreu dem Bibelvers, „der Wein erfreue des Menschen Herz“, fließt so manches Fuder als Messwein durch die Kehlen.

Palais Kesselstatt

Heute beherbergt das vorbildlich restaurierte Palais ein Gourmetrestaurant, das als einziges in Trier seinen Gästen ein authentisch barockes Ambiente bietet. Jedes Detail der Ausstattung, von den Stuckdecken bis zu den Parkettböden, wurde stilecht in den traditionsreichen Bau integriert. Prächtige Kristalllüster, alte Ölgemälde und goldverzierte Spiegel kommen in den hohen, lichtdurchfluteten Räumen besonders schön zur Geltung. Unwillkürlich fühlt man sich in jene europäische Epoche zurückversetzt, in der erlesener Geschmack, Sinnenfreude und Lust an der Repräsentation das Lebensgefühl bestimmten. Hier finden kulturelle Veranstaltungen, geschäftliche und private Feiern einen außergewöhnlichen Rahmen. Doch auch ohne besonderen Anlass wird in dieser historischen Atmosphäre ein Lunch oder Dinner zum Erlebnis. Gastgeberin Katja Weiler umsorgt ihre Gäste als „Chef des Service" an festlich eingedeckten Tischen, deren Pastellfarben perfekt mit der stilvollen Umgebung harmonieren. Küchenchef Burkhard Weiler zaubert derweil Meisterliches in seiner Küche. Er ist der Typ des französischen Patron, und so kann man sicher sein, dass bei aller barocken Eleganz die leiblichen Genüsse nicht zu kurz kommen. Impulse aus dem Nachbarland sind unverkennbar. Leicht und frisch heißt die Devise der Küche, und das kommt insbesondere den variantenreichen Fischgerichten zugute. Weiler versteht sich ebenso auf die Zubereitung von ofenfrischen Wild-, Lamm- und

Palais Kesselstatt

Liebfrauenstraße 10
54290 Trier
Telefon 06 51- 4 02 04
Telefax 06 51- 4 23 08
E-Mail kesselstatt@aol.com
www.restaurant-kesselstatt.de

Ruhetag: Montag

Glanz und Pracht des kurfürstlichen Trier spiegeln sich noch heute in seinen Barockbauten. Dazu zählen neben der Stiftskirche St. Paulin und dem Kurfürstlichen Schloss auch die vornehmen Domizile der Adelsfamilien. Eines der schönsten davon ist das Palais Kesselstatt gegenüber Dom und Liebfrauenkirche. Erbaut wurde das elegante Wohnhaus 1746 als Winterresidenz für den Verwalter der Kurfürstlichen Weingüter, Reichsgraf von Kesselstatt.

Geflügelspezialitäten. Selbst der Kurfürst hätte daran seine helle Freude gehabt. Der Name Reichsgraf von Kesselstatt verbindet sich mit einer langen Weintradition, und so kommen die Rieslingweine auf der Karte überwiegend aus dem Spitzenweingut. Der 250 Jahre alte Weinkeller unter dem Palais verzweigt sich über 4 300 qm Kellergänge und führt vom Domfreihof bis zum ehemaligen Kloster St. Afra. Fast täglich finden in den urigen Gewölben, die sich beheizen lassen, unterhaltsame Weinproben in kleinen oder größeren Gruppen statt. Auch für Familien- oder Betriebsfeste wird das historische Ambiente gern gebucht – Katja und Burkhard Weiler sorgen für das individuelle, kulinarische Programm.

Eintopf von Schalen- und Krustentieren

Zutaten:

Fleisch von 1 Hummer
Fleisch von 1 Taschenkrebs
4 Austern
4 Riesengarnelen
4 Jakobsmuscheln
250 g marktfrisches Gemüse (z.B. Kaiserschoten, Spargel, Karotten, Zucchini, Fenchel, Bohnen, Morcheln)
250 g Kartoffelbällchen (festkochende Sorte)
0,8 l Hummerfond
100 g Creme fraiche
0,1 l Weißwein
6 cl Wermut Noilly Prat
3 cl Pernod
Salz, Pfeffer, Cayenne-Pfeffer, Paprika
$^{1}/_{4}$ g Safranfäden
80 g Butter
15 g Weizenpuderstärke

Zubereitung:

Das geputzte und geschnittene Gemüse in Salzwasser bissfest garen, ebenso die Kartoffelbällchen. Hummerfond zum Kochen bringen, mit der in Weißwein aufgelösten Weizenpuderstärke abbinden, Safran zufügen und mit den Gewürzen, Wermut und Pernod abschmecken. Fond mit der Butter im Mixer aufmontieren. Das Fleisch der Schalen- und Krustentiere, Kartoffelbällchen und Gemüse zufügen und ca. 3 Min. gar ziehen lassen. Burkhard Weiler reicht dazu Knoblauchcroutons, Creme fraiche, ofenfrisches Stangenweißbrot und einen trockenen Riesling von Mosel, Saar oder Ruwer.

WALDERSDORFF'S VINOTHEK-CAFÉ-CLUB

WALDERDORFF'S VINOTHEK-CAFÉ -CLUB

DÖRR-KRIER-LAUX GBR
DOMFREIHOF 1 A
54290 TRIER
TELEFON 06 51 - 9 94 44 - 15
TELEFAX 06 51 - 9 94 69 - 2 11
E-MAIL KONTAKT@WALDERDORFFS.DE
WWW.WALDERDORFFS.DE

Weinerlebnis heißt das Stichwort, unter dem im traditionsreichen Palais Walderdorff vis-à-vis der prächtigen Westfassade des Doms 1999 eine Vinothek, ein Bistro und eine Clubgastronomie im Gewölbekeller eröffnet wurden. Die Idee, mitten im Herzen der Stadt in historischen Räumen einen attraktiven Erlebnisraum zu schaffen für Entspannung, Spaß und Genuss beim Entdecken der regionalen Weine, stammte von den drei Trierer Gastronomen Bernd Krier, Ralf Laux und Markus Dörr.

Insgesamt 65 Winzer des Anbaugebiets Mosel-Saar-Ruwer – VDP-Weingüter ebenso wie Newcomer – präsentieren in Walderdorff's Vinothek rund 200 Spitzengewächse,

an erster Stelle Riesling. Daneben stehen noch etwa 60 internationale Rotweine zur Auswahl. Alle Weine aus dem umfangreichen Programm können zu günstigen Außerhaus-Preisen mitgenommen werden. Die Karte der über 20 offenen Weine wechselt alle zwei Wochen, kulinarisch begleitet von leckeren Bistrogerichten. Edelbrände und Liköre von heimischen Winzern sowie regionale Käsespezialitäten vervollständigen das Angebot.
„Reinkommen und abschalten", lautet die Devise der stilvoll restaurierten Vinothek. Den Part der charmanten Gastgeberin hat Winzerstochter Linda Zander übernommen. Die ehemalige Weinkönigin von Schweich und Gebietsweinprinzessin von Mosel-Saar-Ruwer wurde, wie es so schön heißt, „mit der Flasche groß gezogen". Fachkundig und engagiert erläutert sie das hochwertige Sortiment, das sie ihren Gästen kredenzen kann. Das Interesse an Informationen zum

Wein wächst, insbesondere bei der jüngeren Generation, wie die geprüfte „Weinerlebnisbegleiterin" beobachtet. Großer Beliebtheit erfreuen sich deshalb die zahlreichen Veranstaltungen der Vinothek: Weinseminare, Exkursionen zu Weingütern, kulinarische Weinproben mit dem benachbarten Restaurant „Schlemmereule" oder Events im Rahmen des Wein- und Gourmetfestival der Mosel.
Auf Wunsch finden die geselligen Weinproben auch im historischen Gewölbekeller statt. Er stammt aus der Zeit um 1200 und gilt als einer der ältesten in Trier. In diesem urigen und dennoch gepflegten Ambiente (die Räume sind beheizt und sogar mit einem Fahrstuhl erreichbar) hat der „Club" sein Reich. Hier trifft man sich zu Live Jazz, Tanz-Partys und kulturelle Veranstaltungen rund um den Wein. Triers reizvolle Altstadt gewinnt damit zusätzlich an Attraktion.

Das kurfürstliche Palais,
überragt von der Konstantinbasilika

Schlemmereule

Schlemmereule
Im Palais Walderdorff

Domfreihof 1b
54290 Trier
Telefon 06 51-7 36 16
Telefax 06 51- 9 94 50 01
E-Mail ps@schlemmereule.de
www.schlemmereule.de

Ruhetag: Dienstag

Das Restaurant mit dem einprägsamen Namen „Schlemmereule" bereichert schon seit Jahren die kulinarische Szene von Trier. Doch erst im Jahr 2000 fand es seinen stimmungsvollen Standort im historischen Palais Walderdorff gegenüber der imposanten Front des Doms. Ein Bogengang führt vom belebten Domfreihof zum Innenhof des Palais. Hier sitzen die Gäste von Küchenchef Peter Schmalen im Sommer auf einem bezaubernden, lauschigen Platz vis-a-vis dem „Turm Jerusalem". Der restaurierte Wohnturm aus dem 4. Jh. gibt der Terrasse mit ihren gemütlichen Holzmöbeln ein behagliches, mediterranes Flair.

Licht, hell und heiter wirkt auch das Innere des Feinschmeckertreffs, das durch eine gelungene Synthese von historischem Ambiente und modernem Design besticht. Zarte Pastellfarben harmonieren mit Gold und dunklen Tönen, transparente Leichtigkeit mit Eleganz und Stil. Zwei Säulen umfassen den Tresen, dessen Front eine Marmorplatte mit dem historischen Domplan ziert. Daneben zieht eine lebensgroße Skulptur der Kaiserin Helena den Blick auf sich, je nach Jahreszeit mit passenden Accessoires geschmückt. Gastgeber Peter Schmalen liebt es unkompliziert und flexibel. Schnell lassen sich die leichten Tische und Stühle umstellen, die durchscheinenden, von der Decke herabhängenden Raumteiler drehen und wenden. So können sich kleine und größere Gruppen platzieren, wie es gerade am besten passt.

Auch bei den Genüssen der Schlemmereule verbindet sich Altes mit Neuem. Der experimentierfreudige Koch, dessen Berufsziel schon seit seiner Jugendzeit feststand, mag den Begriff „Cross over". Er sucht in den Töpfen Europas und vor allem in denen des nahen Frankreich immer wieder nach neuen Ideen für seine abwechslungsreiche Küche, die von einer umfangreichen, internationalen Weinkarte mit besten Gewächsen begleitet wird. Wer will, kann sich ein „3-Gang-Wunsch-Menü" aus der gesamten Speisekarte zum Festpreis zusammenstellen – ein besonderes Angebot des Hauses, das gern wahrgenommen wird. Als Auftakt zum Beispiel Feld- und Löwenzahnsalat zu gebratener Wachtelbrust, zum Hauptgang Seeteufelmedaillons mit Jacobsmuscheln, Spinatcrepes und Safranschaum und als süßen Abschluss Mandel-Créme Brûlée mit karamellisierten Pfirsichspalten und Pistazieneis, eine delikate Verführung. Peter Schmalen legt nicht nur Wert auf Frische und beste Zutaten, sondern auch auf fantasievolle Dekorationen. Festgesellschaften – rund 60 Personen haben bei ihm Platz –

schätzen das beschwingte Interieur und die unkomplizierten Arrangements der Schlemmereule. Insbesondere der Weg zum nahen Standesamt ist kurz. Und so begann schon mancher Bund fürs Leben mit Schampus unter den Augen der Kaiserin Helena.

Trier

Vanille-Créme-Brûlée

Zutaten:

Für die Creme:

800 ml Sahne
100 ml Milch
150 g Zucker
12 Eigelbe (à 20 g)
Mark von 2 Vanillestangen
Brauner Zucker zum Abbrennen

Karamellisierte Nektarinenspalten

4 mittelgroße Nektarinen
100 g Zucker
100 ml Weißwein

Zubereitung:

Sahne, Milch und Zucker in eine Schüssel geben. Eigelbe und Vanillemark gut damit verrühren und absieben. In Suppentassen umfüllen und 90 Min. bei 90° C backen. Danach 3 Stunden in den Kühlschrank stellen. Leicht mit braunem Zucker bestreuen und abbrennen. Nektarinen schälen und in dünne Spalten schneiden, Zucker leicht karamellisieren, mit Weißwein ablöschen, Nektarinen beigeben und 2-3 Min. köcheln lassen. Lauwarm servieren

Hotel Eurener Hof

Vier Generationen der Familie Haag haben den Eurener Hof zu dem gemacht, was er heute ist: ein Schmuckstück moselländischer Gastlichkeit. In diesem stilvollen Refugium am westlichen Stadtrand von Trier beeindruckt als erstes die Fülle an Antiquitäten und dekorativen Zeugnissen alter Handwerkskunst. Sie verleihen dem ganzen Haus mit seinen bemerkenswert schönen Gasträumen einen fast privaten Charakter. Familiär und persönlich wirkt die gesamte Atmosphäre des Hotels. Hier dreht sich alles um Behaglichkeit, Erholung und Genuss. Anneliese und Heinz Haag sowie Juniorchef Simon und seine Frau Manuela kümmern sich von früh bis spät um das Wohl ihrer Gäste. Das Beste scheint dabei gerade gut genug. Davon zeugen nicht nur das first class Angebot aus Küche und Keller und der gepflegte Komfort des Vier-Sterne-Hotels „superior", das über 86 individuell und großzügig eingerichtete Gästeappartements verfügt. Überall finden sich in dem weiträumigen Komplex lauschige Eckchen, begrünte Terrassen, schattige Lauben oder gemütliche Plätze am Kamin, wo sich der Gast zurückziehen, Ruhe und Muße genießen kann. Jüngste Attraktion bildet eine luxuriöse Thermenlandschaft im Wellness & Beauty-Bereich, die an den Stil römischer Badelust vor 2000 Jahren anknüpft und mit ihrem klassischen Ambiente und Wohlfühl-Programm weit und breit ihresgleichen sucht.

In der Küche sind 20 Köche damit beschäftigt, jeden – auch ausgefallenen – Wunsch der Gäste zu erfüllen. Vielfalt und Flexibilität werden groß geschrieben. Das Spektrum reicht vom einfachsten Gericht bis zum raffinierten Gourmetmenü und bietet auch Vegetariern und Diätbewussten kulinarisches Vergnügen. Jeder soll wählen, wozu er gerade Lust und Laune hat. Selbst den vielen treuen Stammgästen des Eurener Hof kann es dabei nie langweilig werden. Davon überzeugt ein Blick in die täglich wech-

Hotel Eurener Hof

Eurener Straße 171
54294 Trier
Telefon 06 51 - 8 24 00
Telefax 06 51 - 80 09 00
E-Mail info@eurener-hof.de
www.eurener-hof.de

selnde Speisekarte. Blütenfrische Schlemmereien vom Trierer Wochenmarkt, köstliche hausgemachte Süppchen, Fisch- und Fleischspezialitäten in feinsten Zubereitungen und so großer Auswahl, dass man am liebsten einmal „quer Beet" äße. Wer in der behaglichen Grillstube sitzt, kann zusehen, wie saftige Koteletts, Rumsteaks und Filetstücke auf dem Buchenholzgrill brutzeln, bevor sie auf dem Teller landen. Im Keller lagern die flüssigen Begleiter der exquisiten Frischeküche: nahezu 100 000 Flaschen für Weingenießer. Moselriesling mit klingenden Namen, daneben Weiß- und Rotweine aus renommierten Weinanbaugebieten der ganzen Welt. Stark vertreten sind französische Gewächse. Auch zwei Weißweine aus Luxemburg finden sich auf der Karte – Reverenz an die zahlreichen Gäste aus dem Nachbarland, die gern und oft in diesem traditionsreichen Familienhotel mit seinem unvergleichlichen Flair einkehren.

Zweierlei von der Taube

Zutaten für 6 Personen:

6 Bluttauben, wenn möglich aus Bresse, 1 Stück Sellerie, 1 Möhre, 1 Schalotte, 2 rote Zwiebeln, 1 Thymianzweig, 1 Knoblauchzehe, 0,2 l Rotwein, 0,1 l Weißwein, 0,1 l Portwein, 0,125 l Geflügelfond, 30 g Heidelbeeren, 1 EL Balsamico, 1/2 EL Honig, 1/2 EL Senf, 1 EL Creme fraiche, 250 g Nudelteig, 100 g Butter, das Weiße von 2 Stangen Lauch, Butterschmalz

Zubereitung:

Tauben auslösen, Keulchen, Brust mit Flügelknochen und Leber trennen. Keulchen in Butterschmalz anbraten, herausnehmen. Karkassen, gewürfeltes Gemüse, Thymian und ungeschälten Knoblauch anrösten, Honig und Senf einrühren, mit Essig ablöschen. Portwein und Rotwein angießen, einreduzieren, Geflügelfond angießen. Keulchen darin garen. Haut und Knochen entfernen, Taubenjus passieren und einreduzieren.
Fleisch vom gegarten Keulchen in einem Topf mit etwas Jus begießen, einkochen, bis eine Art Konfit entsteht. Masse erkalten lassen, mit Salz und Pfeffer abschmecken.
Nudelteig dünn ausrollen, kreisförmig ausstechen, Teigtaschen mit Konfit füllen und verschließen.
Lauch in Rauten schneiden, in Butter mit etwas Zucker anschwitzen, mit Weißwein ablöschen und Creme fraiche verfeinern.
Die Brust in Butterschmalz mit Thymian und Schalotte anbraten und im Ofen bei 120° C in ca. 15 Min. garen.
Butter und etwas Zucker schmelzen, Heidelbeeren darin anschwitzen, mit restlicher Jus ablöschen, einreduzieren, mit kalter Butter montieren, abschmecken. Leber in Butter braten. Teigtaschen ca. 3 Min. blanchieren und in Nussbutter schwenken.

Schloss Monaise

Schloss Monaise

Bistro & Restaurant
54294 Trier – Zewen
Telefon 06 51– 82 86 70
Telefax 06 51– 82 86 71
www.Schloss-Monaise.de

Ganzjährig geöffnet ausser Januar

„Mon aise“ bedeutet in unserer Sprache so viel wie „Mein Behagen“. Ein französischer Architekt baute das Schlösschen Ende des 18. Jh. als Sommerresidenz für Philipp Franz Graf von Walderdorff. Nicht nur in der Domstadt, die mit so vielen eindrucksvollen Kulturdenkmälern gesegnet ist, gilt das Bauwerk als Unikat. Es ist auch das einzige Lustschloss auf deutschem Boden im frühklassizistischen Stil französischer Prägung – dem sog. Louis-seize-Stil. Erst vor wenigen Jahren wurde es aus seinem Dornröschenschlaf erweckt und fachmännisch restauriert.

Heute zählt Schloss Monaise, zwischen den Trierer Stadtteilen Euren und Zewen gelegen, zu einem attraktiven Ziel für Naturfreunde und Genießer. Ganz in der Nähe befinden sich der Jachthafen und der Moselradweg. Das ehemalige Hofgut gleich daneben wird als Reiterhof genutzt. Im Schlösschen selbst schafft ein Feinschmecker-Restaurant das „Behagen“, das die Adresse verspricht. Das moderne Interieur haben die Geschwister Birgit und Hubert Scheid bewusst als Kontrast zu den historischen Räumen gewählt. Dennoch harmoniert es mit den klaren Formen und der strengen Symmetrie des klassizistischen Baus. Schwarz-Weiß dominiert. Der Wandschmuck in den hohen Räumen – bestehend aus Bildern wechselnder Gemäldeausstellungen - wird sparsam verwandt und kommt dadurch um so wirkungsvoller zur Geltung. Während Birgit Scheid die Fäden der Organisation in ihren erfahrenen Händen hält

und sich um den Service kümmert, komponiert Hubert Scheid leichte, mediterrane Gaumenfreuden. Der ambitionierte Küchenchef, der sein Handwerk als Konditor und Koch in Brüsseler Zwei- und Drei-Sterne Hotels verfeinerte, setzt ganz auf die Frische und Qualität seiner Produkte. Schnick-Schnack jeder Art liegt ihm nicht. „Ich bereite lieber einen teuren Fisch einfach zu als ein weniger gutes Produkt mit großem Aufwand", meint er und serviert edelste Zutaten, gekonnt zubereitet in ehrlicher, unverfälschter Form. Individuelle Wunschmenüs können aus der Speisekarte zum Festpreis selbst zusammengestellt werden. Beim Wein erweist sich der Gastgeber als echter Experte, erfahren und kenntnisreich. Das Angebot ist international, doch seine Liebe gehört den regionalen Spitzengewächsen.
Für Familienfeste, Tagungen und andere große Gesellschaften bieten die repräsentativen, Bankettträume in der Beletage ein stimmungsvolles Ambiente. Nicht nur die schönen Stuckreliefs und schnitzwerkverzierten Türen, auch die ursprünglichen Farben wurden nach historischem Vorbild wieder hergestellt. An warmen Tagen spielt sich das kulinarische Vergnügen in Schloss Monaise vorwiegend auf der beliebten Sommerterrasse ab. Neben der Gourmetküche werden dort noch zusätzlich kleine Bistro-Gerichte angeboten, passend zu Bier oder Wein. Die Gäste genießen den Blick auf das Schlösschen und die alten Bäume und fühlen sich an den Zauber der Toskana erinnert.

Trier-Zewen

Gegrillte Dorade auf Ratatouille mit Basilikum

Zutaten:

2 Doraden filiert und entgrätet à 800 g
200 g Blattspinat
100 g Zucchini gewürfelt
100 Auberginen gewürfelt
80 g Tomatenwürfel
mit Olivenöl püriertes Basilikum
Pflanzenöl/Olivenöl
Knoblauch
Balsamicoessig
1 kleine Schalotte gewürfelt
Salz, Pfeffer

Zubereitung:

Gemüse in einer Pfanne mit Olivenöl braten, mit Salz, Pfeffer und Knoblauch würzen. Blattspinat putzen, waschen und in einem Topf mit Olivenöl und Salz garen.
Doradenfilets von beiden Seiten salzen und auf der Haut in einer heißen Pfanne mit Pflanzenöl kross braten.
In einem kleinen Topf mit Olivenöl Schalotte und Knoblauch anschwitzen, Tomatenwürfel dazugeben, mit Salz und Pfeffer abschmecken.
Das Gemüse in die Mitte des Tellers legen, Doradenfilets darauf anrichten, auf die Filets die Tomatenwürfel legen und alles mit Basilikumpüree, Olivenöl und Balsamico beträufeln.

Im Tal der Ruwer

Kasel

Etwa 40 km schlängelt sich die Ruwer durch die Hochwälder und Wiesen des Hunsrück, bevor sie bei Trier in die Mosel mündet. Ihren Weltruf verdankt das eher unscheinbare Flüsschen den großartigen Weinen, die rechts und links von ihm auf den Schieferhängen am unteren Lauf wachsen. Hier finden sich auf engstem Raum einige der renommiertesten Weingüter des Anbaugebietes, die wir auf unserer kulinarischen Reise gerne vorstellen.
Gleich hinter Trier folgt man der „Ruwer-Riesling-Weinstraße“ , die vom Stadtteil Ruwer aus in das liebliche Tal führt. Der Weg folgt den berühmten Weinbergen von Eitelsbach, Mertesdorf, Kasel und Waldrach. Am Ortseingang von Waldrach, dem größten Weinbauort des Tales, ist die originale Rekonstruktion einer römischen Wasserleitung zu besichtigen. Sie versorgte einst die Villen und Badeanlagen von Augusta Treverorum, dem alten Trier. Die Ruwer fließt nämlich nicht nur von sämtlichen Gewässern in Rheinland-Pfalz am schnellsten. Sie ist der einzige Nebenfluss rechts der Mosel, der den ganzen Sommer lang ausreichend Wasser führt. Kein Wunder also, dass sich die Römer neben dem köstlichen Wein im Ruwertal auch das frisch sprudelnde Hunsrück-Wasser holten.

Weinberge von Schloss Grünhaus

Schloss Marienlay bei Morscheid

Trierer Kurfürsten und Klöster schätzten die Ruwer-Weine und sicherten sich über Jahrhunderte Anteile an den reinen Südlagen des Weinbaugebiets. Hof Duisberg in Ruwer, Schloss Grünhaus in Mertesdorf oder der Eitelsbacher Karthäuserhof zeugen davon. Der älteste Weinort im Tal ist Mertesdorf. Er wird 893 erstmals urkundlich erwähnt. Doch ein Steinrelief, das bei archäologischen Grabungen an der Ruwerwasserleitung gefunden wurde, weist darauf hin, dass hier vor fast 2000 Jahren Weinbau betrieben wurde. Das Relief zeigt einen „Winzer im Weinkontor". Er wurde inzwischen zu einem Qualitäts-Symbol für die charakteristischen Rieslingweine von der Ruwer mit ihrer feinen, aromareichen Fruchtsäure. Sie kann man nach erlebnisreichen Ausflügen in stilvollen Restaurants, gemütlichen Weinstuben oder urigen Gewölbekellern ausgiebig probieren. Als Höhepunkt des umfangreichen Veranstaltungskalenders zieht alljährlich im Juli das „Weinstraßenfest Ruwertal aktiv" Scharen von Besuchern an. Vor allem am Festsonntag. Dann ist das ganze Tal von Ruwer bis Riveris für den Autoverkehr gesperrt und gehört allein den Genießern.

Weingut Karthäuserhof

Weingut Karthäuserhof

Karthäuserhof
54292 Trier-Eitelsbach
Telefon 06 51-51 21
Telefax 06 51-5 35 57
E-Mail mail@karthaeuserhof.com
www.karthaeuserhof.com

Man schrieb das Jahr 1895, als der Urgroßvater des heutigen Weingutbesitzers Christoph Tyrell seiner künftigen Gemahlin ein ebenso nobles wie weitsichtiges Hochzeitsgeschenk verehrte: ein komplettes Probierzimmer, wunderschön ausgestattet mit bemalten Kacheln im Delfter Stil. Die damalige Sonderanfertigung von Villeroy & Boch ist nur eine der sehenswerten Attraktionen auf dem Karthäuserhof im Ruwertal, auf dem sogar noch eine Wasserburg aus dem 13. Jh. steht. Sie bildet mit den weitläufigen Gutsgebäuden, deren helles Gelb reizvoll mit den blauen Fensterläden kontrastiert, ein einzigartiges

Ensemble von südländisch-heiterem Charme. Hier atmet alles Geschichte, Tradition und sinnenfrohe Lebensart. Der historische Hof, eingebettet in ein der Natur angepasstes Parkgelände, hat

seinen Namen vom Orden des hl. Bruno von Chartreuse. 1335 schenkte Kurfürst Balduin zu Luxemburg das Gut den Karthäusermönchen. 1811 kam es im Zuge der Säkularisation in den Besitz der Familie, die es auf einer Versteigerung in Paris erwarb.
Christoph Tyrell, gelernter Jurist und Winzer, arbeitete einige Jahre als Rechtsanwalt in Trier, bevor er das Weingut Ende der 80er Jahre - nunmehr in der 6. Generation - übernahm. Er wechselte den Beruf, konzentrierte sich voll auf seine neue Aufgabe und schaffte innerhalb weniger Jahre den Sprung in die Spitze der deutschen Weinelite. 1997 ernannte ihn das Magazin „Der Feinschmecker“ zum Winzer des Jahres, auch die Zeitschrift „Vinum“ machte ihn zu ihrem Preisträger. Gault Millau gab dem VDP-Weingut 2002 dank der konstant guten Qualität vier von fünf möglichen Trauben und unterstrich damit den festen Platz des Karthäuserhof unter den 100 besten Weingütern Deutschlands.
Einzige Weinlage und dazu im Alleinbesitz ist der Eitelsbacher Karthäuserhofberg gegenüber dem Anwesen. Der steile Hang nach Süd-West schenkt den Rieslingreben, die – neben einer kleinen Menge Weißburgunder – ausschließlich darauf angebaut werden, mit seinem Schieferverwitterungsboden die herrlichen mineralischen Aromen. Tyrell, der für Qualität und Wettbewerbsfähigkeit vieles im Betrieb änderte, gab den Reben mehr Standraum für eine reichere Ernährung und erhöhte mit organischer Düngung den Humusanteil der Böden. Das Ergebnis waren noch gehaltvollere und extraktreichere Weine. Zusammen mit seinem Kellermeister Ludwig Breiling verbindet er bei dem behutsamen Ausbau Tradition mit moderner Technik. Frisch, lebendig und knackig, so liebt Tyrell seine rassigen Weine. Sie schmecken auch jung hervorragend - besonders die trockenen, die im Sortiment dominieren. Unverkennbar kommt bei allen Weinen die einheitliche Linie des Weinguts zum Ausdruck: der klare, hochmineralische, fruchtigerfrischende Geschmack.
„Der Wein mit dem längsten Namen und dem kleinsten Etikett“, soll der große Weinpublizist Hugh Johnson einmal bemerkt haben. Denn jede Flasche „Eitelsbacher Karthäuserhofberg“ trägt lediglich ein Halsschleifen-Etikett – eine Tradition, die bereits über hundert Jahre alt ist. Die Details des Wappen erzählen jeweils ein Stück Hof- oder Familiengeschichte. Diese Etikettenform ist unverwechselbar, gesetzlich geschützt und weltweit ein Unikat.

Hotel Weingut Weis

Das gepflegte, holzgetäfelte Restaurant im Hotel Weis mit dem attraktiven Kachelofen mitten im Raum und den vielen schmiedeeisernen Accessoires erinnert an süddeutsche und Tiroler Gastlichkeit. Es strahlt Gemütlichkeit, Wärme und Gediegenheit aus. Liebevolle Sorgfalt bei der Abstimmung aller Details bestimmt nicht nur die behaglichen Gasträume von Mechthild und Herbert Weis, sondern die Einrichtung des ganzen Hauses – vom stilvollen Entree bis zu den großzügigen, erstklassig ausgestatteten Zimmern. Das Hotel in der idyllischen Ortsrandlage von Mertesdorf war nach dem Krieg von Mutter Angela Weis neben dem Weinbaubetrieb aufgebaut worden. Herbert Weis, gelernter Hotelkaufmann und Winzer, „krempelte" das Haus noch einmal völlig um und machte es zu einem Schmuckstück anspruchsvoller Hotellerie im Ruwertal – ein idealer Rahmen für kleine und große Feste, kulinarische Veranstaltungen rund um den Wein und unbeschwerte Urlaubsfreuden mitten im Vierländereck. Die charmante Hausherrin, Winzerstochter und 1985/86 amtierende Deutsche Weinkönigin, führt als Hotelkauffrau die Regie im gastronomischen Bereich. Zwei Küchenmeister warten vom rustikalen Vesper in der Weinstube „Vinum" bis zum erlesenen Festmenü im großen Saal mit reichem lukullischen Programm auf. Ob „Bachsaibling mit Lachsschaum gefüllt", „Crepinette vom Hirschrücken mit Schlehensoße" oder „Apfeltarte mit Tresterparfait" – im Hotel Weis darf man sicher sein, immer exquisit zu speisen.

Ideal ergänzt werden die Tafelfreuden von den hervorragenden Weinen des Weinguts Erben von Beulwitz, das schon auf der Pariser Weltausstellung 1867 eine Auszeichnung gewann. Herbert Weis erwarb das Kaseler Gut 1982 und gliederte es mit großem Erfolg seinem eigenen Weinbaubetrieb an. Insbesondere die Steillagen des

Hotel Weingut Weis

Eitelsbacher Weg 4
54318 Mertesdorf
Telefon 06 51-9 56 10
Telefax 06 51-9 56 11 50
E-Mail info@von-beulwitz.de
www.von-beulwitz.de

renommierten Kaseler Nies'chen mehrten fortan den guten Ruf seiner Weine. Der ehrgeizige Winzermeister setzte auf konsequente Qualitätsphilosophie und erhielt dafür 1994 den ersten Staatsehrenpreis, dem drei weitere folgten. „Der Feinschmecker" entdeckte hier die beste deutsche Riesling Spätlese des Jahres 1996, und Gault Millau nennt Weis einen der bemerkenswerten Aufsteiger der letzten Jahre. Besonderen Wert legt der Hausherr auf die Qualität seiner offenen Weine. Seit vielen Jahren sind sämtliche trockenen Schoppenweine im Hotel Weis mit Gold prämiert! Nicht erstaunlich also, dass vor allem Weinfreunde immer wieder gern hier einkehren und das perfekte Zusammenspiel von Küche und Keller genießen.

Die Nähe Triers und der Mosel, die vielen Ausflugs- und Freizeitmöglichkeiten der Region und nicht zuletzt die kulturhistorischen Reminiszenzen locken neben den deutschen Gästen auch viele europäische Nachbarn nach Mertesdorf. Sie ist die älteste Weinbaugemeinde im Ruwertal und gehörte über 900 Jahre zur Abtei Maximin, dem heutigen Schloss Grünhaus auf der gegenüberliegenden Talseite. Das traditionsreiche Anwesen fügt sich – ebenso wie die Karlsmühle und der Karthäuserhof – harmonisch in die reizvolle Landschaft ein, die das Hotel Weis auf allen Seiten umgibt.

Rehnüsschen in Schlehensauce

Zutaten:

1 Rehkeule
Karotten, Zwiebeln, Lauch, Schlehen
0,5 l Spätburgunder
100 g Butter
1 Lorbeerblatt
Salz, Pfeffer
etwas Schlehenbrand

Zubereitung:

Die beiden Nüsschen aus der Keule lösen, salzen und pfeffern. Von allen Seiten stark anbraten, aus der Pfanne nehmen und im Ofen bei ca. 100 - 120° C etwa 30 Min. ziehen lassen. Das vorbereitete Gemüse mit Knochen und Parrüren in die Pfanne geben und gut durchrösten. Mit dem Rotwein ablöschen, eine Handvoll Schlehen zugeben und einreduzieren. Durch ein Sieb passieren und mit Butterflocken aufmontieren. Mit Salz und Pfeffer sowie etwas Schlehenbrand abschmecken.

Die Moselschleife bei Trittenheim

C. von Schubert'sche Gutsverwaltung

C. von Schubert'sche Gutsverwaltung

Maximin Grünhaus
54318 Mertesdorf
Telefon 06 51- 51 11
Telefax 06 51- 52 122
E-Mail vonSchubert@t-online.de
www.vonschubert.com

Mehr als tausend Jahre bewirtschafteten Benediktinermönche den geschlossenen Steilhang, der sich hinter dem malerisch gelegenen Schloss Grünhaus erhebt. Die drei Einzellagen steigen analog der klösterlichen Rangfolge von unten nach oben: zunächst der „Bruderberg“ für die einfachen Mönche, zentral gelegen als bester Teil der steile „Abtsberg“ und schließlich im mittleren und oberen Bereich der „Herrenberg“. Wegen der unterschiedlichen Bodenbeschaffenheit haben alle ihre typische Ausprägung und zählen zum Besten, was die Ruwer zu bieten hat. Das Trierer Kloster St. Maximin mochte sich glücklich geschätzt haben, als Kaiser Otto I. ihm anno 966 das Anwesen übereignete. Die Schenkung ist in einem Dokument niedergelegt, das heute die

französische Nationalbibliothek in Paris verwahrt. Die Weinkeller in den alten Klostergebäuden sind noch älteren Datums. Sie ruhen auf römischen Fundamenten, in deren Nähe man Amphoren für den Weintransport fand.
Wie die meisten geistlichen Güter wurde auch Maximin Grünhaus unter Napoleon säkularisiert und ging zunächst in den Besitz eines fürstlich nassauischen Ministers, von dessen Familie es 1882 der Urgroßvater des jetzigen Eigentümers erwarb. Mit ihm begann die große Glanzzeit der Grünhäuser Rieslinge. Für ein Fuder Herrenberg (1 000 Liter) des Jahrgangs 1921 wurde damals der sensationelle Rekordpreis von 100 000 Goldmark erzielt. Dr. Carl-Ferdinand von Schubert übernahm das Gut 1980 und engagierte sich gegen mancherlei Widerstände als einer der ersten an Mosel, Saar und Ruwer für den Ausbau trockener Weine. Er fand dafür zunächst Abnehmer bei der französisch geprägten Spitzengastronomie, die schnell erkannte, wie perfekt die feinfruchtigen und im Vergleich zur internationalen Konkurrenz angenehm leichten Weißweine mit der „Nouvelle Cuisine“ harmonierten. Handel und private Kundschaft zogen bald nach und ließen sich mehr und mehr von den eleganten Ruwer-Rieslingen überzeugen. Ihr Qualitätszeichen, das historische Jugenstiletikett mit dem Wappen der Familie und der Ansicht von Schloss und Weinberg, blieb übrigens seit fast 100 Jahren bis heute unverändert.
Die Haltung des Schlossherrn gegenüber dem Wein ist gekennzeichnet von viel Respekt. Von Schubert, promovierter Landwirt und Winzer, fühlt sich nicht als Wein-„Macher“. Er versucht, mit Intuition und viel Geduld das Beste aus dem herauszuholen, was Boden und Kleinklima seiner Monopollage hergeben. „Weniger ist mehr“, lautet sein Motto, und so wird nur da eingegriffen, wo es unbedingt notwendig ist. Essenz und Eigenart der einzelnen Lagen sollen in jeder Flasche optimal zum Ausdruck kommen. Der Gutsbesitzer, der seit Jahren zur absoluten Spitze der deutschen Weinerzeuger zählt, lässt die Trauben möglichst lange am Stock, achtet auf niedrige Erträge, strenge Selektion und schonenden, natürlichen Ausbau im Keller.
Das Ergebnis sind klare, finessenreiche und sehr individuelle Weine mit überraschender Langlebigkeit. Für die trockenen Weine – sie machen im Gut etwa 80 Prozent aus – verspricht von Schubert 10–15 Jahre unverminderte Qualität, die edelsüßen bleiben weit über 30 Jahre lagerfähig. Doch wer will schon so lange warten, um diese edlen Kreszenzen zu genießen. Spätesten nach zwei bis drei Jahren haben sich alle Sekundäraromen voll entwickelt. Dann sind die reifen, harmonisch-fruchtigen Rieslinge mit ein wenig Restsüße ideale Geschmacksbegleiter vieler feiner Speisen, seien sie nun regional, asiatisch oder französisch geprägt. Davon überzeugte sich auch unlängst Drei-Sterne-Koch Paul Bocuse aus Frankreich, der mit vier seiner berühmten Kollegen zur Weinverkostung auf Schloss Grünhaus weilte. Die Stars der internationalen Haute Cuisine machten sich ein doppeltes Vergnügen und genossen begeistert die trockenen und edelsüßen Spitzenweine des Gastgebers zu einem erlesenen Gourmet-Menü. Ein neues Weinerlebnis für die Gäste. Und ein bedeutender Prestigegewinn für den deutschen Riesling.

Hotel-Restaurant Karlsmühle

Hotel-Restaurant Karlsmühle

Im Mühlengrund 1
54318 Mertesdorf
Telefon 06 51-51 23
Telefax 06 51-5 20 16
E-Mail
hotel-restaurant@karlsmuehle.de
www.karlsmuehle.de

Geöffnet:
ganzjährig

Noch heute fließt direkt unter dem Restaurant der Karlsmühle der Mühlenbach hindurch. Das idyllische Hofgut gilt als Standort der ältesten Mühle in Deutschland, denn den Mühlgraben legten bereits die Römer an. Sie nutzten die nie versiegende Wasserkraft der Ruwer neben dem Kornmahlen auch zur Steinbearbeitung - nachzulesen bei dem römischen Dichter Ausonius, der 371 n. Chr. in seiner „Mosella" davon berichtet. Kostbare Marmorblöcke wurden seinerzeit aus dem Süden des römischen Reiches herangekarrt, bekamen in der Karlsmühle den letzten Schliff, um anschließend im nahen Trier Pracht und Luxus zu mehren.
Das Mühlrad im Park steht nie still und gibt dieser ländlichen Oase einen Hauch von Romantik und Nostalgie. Natur- und Geschichtsfreunde, Wanderer und Radler, Kinder aller Altersstufen zieht es zu dem weitläufigen Anwesen, das auch das Weingut Karlsmühle mit einschließt. Die schattigen Plätzchen unter den alten Bäumen mit Blick auf Weinberge und Wiesen sind im Sommer wie geschaffen zum Ausruhen, Entspannen und Genießen. Während Kinder und Hunde herumtollen (auch Haustiere sind hier willkommen), lassen es sich die Erwachsenen bei Speis und Trank wohl sein. Neben gutbürgerlichen Gerichten je nach Saison kommen frische Forellen aus dem Teich und Wildspezialitäten aus der gutseigenen Jagd auf den Tisch. Als Delikatesse gilt der Wildschweinsauerbraten, dessen Rezept uns die Küche verrät. Dazu

trinkt man hier keineswegs einen Roten. Ein kräftiger Riesling – zum Beispiel eine reife, halbtrockene Lorenzhöfer Auslese vom Weingut Karlsmühle – passt vorzüglich dazu.
Hotel und Restaurant führen seit 1999 die Eheleute Kündgen. Benedikt Kündgen, der früher selbst musizierte, machte die Karlsmühle inzwischen zu einem Treffpunkt für die Freunde von Swing, Soul und Jazz. Jeden Mittwoch lädt er zu Live-Musik, im Trio, im Quartett oder auch mit größeren Bands. Spielt das Wetter mit, erklingt das Konzert open-air im stimmungsvollen Garten. Der Eintritt zu diesem Vergnügen ist kostenlos. Auch sonst verleihen die Gastgeber ihrem Haus ideenreich eine persönliche Note, zum Beispiel mit wechselnden Kunstausstellungen regionaler Künstler in den Gasträumen. Vier mal jährlich veranstaltet die Karlsmühle „Kulinarische Wochenenden" mit festlichem Menü und korrespondierenden Weinen, von Winzermeister Peter Geiben kundig kommentiert. Wohl dem, der eines der 86 Betten im Hotel gebucht hat. Er kann das Vergnügen in vollen Zügen genießen. Wählt er sein Nachtquartier zum Mühlenbach hin, wiegt ihn das monoton-gleichmäßige Rauschen des Wasserrads sanft in den Schlummer.

Mertesdorf

Wildschweinsauerbraten mit Gemüseknödel

Zutaten:

1,5 kg Wildschweinkeule ohne Knochen
250 g Himbeeren
0,5 l Kräuteressig
250 g Kartoffelpulver halb und halb
150 g Möhren, Sellerie, Lauch gewürfelt
250 g Zwiebeln
3 Gewürznelken
2 Lorbeerblätter
4 Wacholderbeeren
150 g Zucker
100 g Bratensoße instant
Salz, Pfeffer

Zubereitung:

Wildschweinkeule in 1 l Wasser mit 25 cl Kräuteressig, 200 g Zwiebeln, Nelken, Lorbeerblättern und Wacholderbeeren 4 Tage im Kühlschrank ziehen lassen. Himbeeren im Rest des Essigs ebenso lange einlegen. Kräutersud abkochen. Keule abtrocknen, in Öl auf beiden Seiten gut anbraten, in einen Topf geben und mit Deckel ca. 2 $^1/_2$ Stunden schmoren.

50 g Zwiebeln glasig braten, Gemüse dazu geben, mit Wasser bedecken und 5 Min. ziehen lassen. 750 cl Wasser mit dem Kartoffelpulver anrühren, Gemüse untermischen, 10 Min. quellen lassen, kleine Klößchen formen und 10 Min. in kochendem Wasser garen.

Zucker bräunen und mit dem gemixten Himbeeressig mischen. Gare Keule herausnehmen, Bratensauce mit dem Sud aufkochen, Himbeeressigkaramel dazu geben und mit Salz und Pfeffer abschmecken.

Weingut Karlsmühle

Peter Geiben ist nicht nur ein Meister seines Faches, sondern auch ein kurzweiliger Erzähler. Man glaubt ihm unbesehen, wenn er scherzhaft moniert, aus seinem urigen, engen Gewölbekeller kriege er die Gäste nicht mehr raus. Zwei weitere

Weingut Karlsmühle

Im Mühlengrund 1
54318 Mertesdorf
Telefon 06 51 - 51 24
Telefax 06 51 - 5 61 02 96
E-Mail
anfrage@weingut-karlsmuehle.de
www.weingut-karlsmuehle.de

Probierstuben hat er inzwischen eingerichtet, vor allem für professionelle Probierer. Vornehmer und größer. Ob er es dort mit seinen Gästen leichter hat, darf bezweifelt werden. Das liegt einfach am verführerischen Wein der Karlsmühle und natürlich am Hausherrn selber. Wenn Geiben anfängt zu erzählen, wird der Wein lebendig und die Ruwer zu einem einzigartigen Fluss. „Wie der Fluss, so der Wein", pflegt er zu sagen und bringt beides in eine unauflösliche Verbindung. Er erklärt die Sonneneinstrahlung im Tal und die Gefahren für den Wingert bei einem Kälteeinbruch. Doch der Riesling braucht heiße Tage und kalte Nächte, seine Haut muss „gegerbt" werden. Was der typische Unterschied sei zwischen Ruwer- und Moselweinen, wollen wir wissen. Geiben beschreibt seine Kreszenzen als äußerst mineralisch, knackig, feinfruchtig, finessenreich mit feinem Spiel. Sein Terroir pflegt er mit großem Engagement und viel Liebe zum Wein. „Klasse statt Masse", nennt der Winzer die simple Regel für seinen Erfolg, „weniger ist oftmals mehr". Und das beginnt schon beim Rebschnitt. Für die organische Düngung der Wingerte lässt der Gutsherr eigens 40 Kühe auf der Weide grasen. Daneben investierte er in moderne Kellertechnik. Dennoch sieht er entgegen dem allgemeinen Trend zum Edelstahl durchaus auch Zukunft für das Holzfass.

Seit den Zeiten Napoleons betreibt die Familie Geiben im Ruwertal Weinbau. Der Mühlenbetrieb – Peter Geibens Vater war noch Müllermeister – wurde 1958 eingestellt. Zwei Jahrzehnte später übernahm der jetzige Hausherr die Karlsmühle, die auf eine Geschichte von 1600 Jahren zurückblickt. Die Weine wurden stetig besser, und in den 90er Jahren folgte ein exzellenter Jahrgang dem andern. Acht Staatsehrenpreise und zwei weitere Ehrenpreise gingen an das Weingut und honorierten die ungewöhnlich hohe Qualität. Etwa die Hälfte aller seiner Weine baut Geiben trocken aus, nur 20 Prozent halbtrocken, den Rest edelsüß. Neben den Monopollagen Lorenzhöfer Mäuerchen und Felslay – der Lorenzhof war in den 60er Jahren dazugekauft worden – tragen in jüngster Zeit auch hervorragende Lagen in Kasel vom früheren Weingut Patheiger zur Spitzenkollektion bei. Fast alle Weinberge sind Steillagen und bieten den Strahlen der Sonne optimale Einfallswinkel. Gault Millau gibt der Karlsmühle vier von fünf möglichen Trauben und stellt das Weingut damit in die Reihe der „exzellenten Betriebe, die zu den besten Weinerzeugern Deutschlands zählen". Nach diesem fulminanten Aufstieg stand die Jahrausendwende ganz im Zeichen von Umbau und Renovierung des Anwesens. Hotel und Restaurant wurden vom Weinbau getrennt und verpachtet. Dennoch bildet beides ein einheitliches Ensemble – historisch, architektonisch und natürlich auch wein-kulinarisch.

Entlang der Römischen Weinstrasse

Blick auf Trittenheim

Relikte aus der Römerzeit:
Neumagener Weinschiff
Römische Pachtzahlung

Um das eroberte Land zu verteidigen und gegen den Ansturm der Germanenstämme zu schützen, baute die römische Militärverwaltung wehrhafte Kastelle, Straßen, Brücken und Wasserleitungen rund um die Kaiserresidenz Trier. Viele alte Verbindungswege zwischen ihr, Köln und Mainz in Hunsrück und Eifel werden noch heute genutzt. Um die strategisch wichtigen Punkte, Handelsstraßen und Flussüberquerungen bildeten sich alsbald neue Siedlungen und so kam es zu den oft so kurios anmutenden Ortsnamen entlang der Mosel: Detzem (von decimus lapis = zehnter Meilenstein von Trier aus) oder Quint (fünfter Meilenstein). In Pfalzel steckt palatiolum (kleiner Palast) und Piesport war die Furt des Pigontius (porto pigontio), über die ein alter Handelweg die Mosel kreuzte. Wer als reicher Römer in Trier auf sich hielt, gönnte sich eine Sommerresidenz auf dem Land - natürlich mit Moselblick. Er pflanzte seinen Wein, dazu Wallnüsse, Esskastanien und Feigen aus der mediterranen Heimat, die hier ebenfalls prächtig gediehen. Die lukullischen Mahle bereicherten exotische Früchte wie Kirschen oder Pfirsiche, die ihren Weg vom Orient in das milde Klima der Mosel gefunden hatten. Und so breiteten sich schöne Villen, grüne Rebhänge, üppige Gärten und Obstplantagen immer weiter flussabwärts. „Soll ich die Hallen beschreiben am Rande grünwuchernder Wiesen, schildern die Dächer, die lastend sich stützen auf zahllose Säulen, zeichnen die dampfenden Bäder ...", schreibt Ausonius auf seiner Flussfahrt im Jahr 371 und rühmt den Glanz und die Gepflegtheit der Landsitze zu beiden Seiten des Flusses. In Mehring, Longuich und anderen Orten moselauf- und -abwärts der Metropole erinnern Rekonstruktionen noch heute an die Landliebe der Trierer und ihren ausgeprägten Sinn für feine Lebensart. Dreißig Zimmer und mehr, ausgestattet mit kunstvollen Fußbodenmosaiken, Marmorfresken und Bädern, die allein bis zu zehn Räume umfassten, mochten durchaus Standard gewesen sein.
Viele dieser luxuriösen Villen wurden zur Kernzelle der idyllischen Weindörfer, die

Rekonstruierte römische Villa Borg

Die Vergangenheit bleibt lebendig.

sich heute wie Perlen links und rechts des Flusses reihen. Die Qual der Wahl, welche Seite man nun wählt, bleibt keinem Reisenden erspart. Denn jede dieser alten Ortschaften hat ihre eigene Geschichte, ihre alten Kirchen, Weinhöfe und Fachwerkbauten und natürlich jede Menge gastlicher Herbergen mit lagetypischem Wein. Apropos Wein. Eines der bekanntesten Relikte aus der Römerzeit fand man zusammen mit zahlreichen anderen Reliefs in Neumagen: das berühmte Neumagener Weinschiff. Das Original, das einst das Grab eines Weinhändlers zierte, steht heute im Trierer Landesmuseum, vor der Peterskapelle in Neumagen findet sich eine originalgetreue Kopie. Der kostbare Fund beweist, dass der Moselwein in beachtlichen Mengen verschifft und schon sehr früh in Holzfässern transportiert wurde, wie es in Gallien üblich war. Hier lernten die Römer mal von den Besiegten. Die Fässer wogen nicht nur weniger als die aus Ton gefertigten Amphoren des Mittelmeerraums, sie ließen sich auch besser stapeln und - das Allerwichtigste – sie fassten viel mehr Wein.
Zum Beispiel vom „Piesporter Goldtröpfchen", an dem sich über ein Jahrtausend die Benediktinerabtei Prüm in der Eifel labte. Ein Blick auf die steilen Südhänge, unter denen sich der Fluss wie in einer Haarnadelkurve windet, beweist einmal mehr Kenntnis und Geschmack der Geistlichkeit, die über Jahrhunderte die Kellerkunst mit besonderer Liebe und Sorgfalt pflegte. In Piesport fand man 1985 eine der größten römischen Kelteranlagen in den Ausmaßen von 45 mal 20 Metern mit original erhaltenen Traubenbecken und dem Fumarium, in dem die Weine früher mit Rauch veredelt wurden. Jedes Jahr im Oktober wird die originalgetreu restaurierte Anlage beim Römischen Kelterfest von Winzern in historischen Gewändern in Betrieb genommen. Dass dabei auf Römerart zünftig getafelt und gebechert wird, versteht sich – allerdings mit ungeräuchertem Wein.

Sektgut St. Laurentius

Drei Jahre lang hintereinander, von 1998–2000, kürte die Deutsche Landwirtschaftsgesellschaft (DLG) Klaus Herres zum besten Sekterzeuger Deutschlands – ein Novum bei den Ehrungen. Seine Cuvées erhielten mehrere Staatsehrenpreise sowie hohe Auszeichnungen bei internationalen Wettbewerben in Paris und Brüssel. Im Berliner Schloss Bellevue stößt man auf Staatsempfängen mit den perlenden Kreszenzen von St. Laurentius an. Denn „Hoflieferant" Herres produziert Brut und Extra brut in einer Qualität, die sogar den Champagner-verwöhnten Franzosen Respekt abnötigt. „Er habe beim ihm zu viel gelernt", soll der Vorsitzende der Bruderschaft der Champagner-Erzeuger von Le Mesnil sur Oger einmal gescherzt haben. Le Mesnil sur Oger, die Partnergemeinde von Leiwen, liegt im Herzen der Champagne und inspirierte Klaus Herres dazu, es auch in Leiwen mit einem „Mosel-Champagner" zu probieren. So oft er im eigenen Weingut abkömmlich war, hospitierte er in Kellern der weltberühmten Weinregion und lernte dabei die klassische „Methode Champenoise" kennen. Was zunächst nur Hobby war, wurde bald zur Passion, wenn auch anfangs mit manchen Hindernissen. Gerade mal 20 Flaschen überstanden 1982 den ersten Versuch im traditionellen Flaschengärverfahren. Der Rest explodierte wegen des zu hohen Gärdrucks. Doch das war nur eines der Probleme. Rüttelpulte und Spezialgeräte mussten beschafft, die richtige Lagertemperatur gefunden, das Enthefen (Degorgieren) geübt, Füll- und Versanddosage für die gewünschte Geschmacksrichtung ausprobiert werden. Die Freunde in Frankreich erwiesen sich dabei als große Hilfe und freuen sich heute über das exzellente Ergebnis. Sie nahmen Klaus Herres in ihre Bruderschaft auf und ehrten ihn mit dem Titel „Chevalier de la Confrérie de L'Arc". Das ursprüngliche Weingut St. Laurentius hat sich inzwischen völlig auf die Sektproduktion spezialisiert. Auch wenn das Herstellungsverfahren mit dem in Frankreich identisch ist – aufgrund des Terroirs der Weine präsentiert sich der Sekt von Herres natürlich moseltypisch. Die Grundweine dafür – Riesling, Weißburgunder, Spätburgunder und Chardonnay – baut er selbst aus.
Was ist das Geheimnis seines Erfolgs? „Man braucht fanatischen Ehrgeiz, um so weit zu

Sektgut St. Laurentius

Laurentiusstraße 4
54340 Leiwen
Telefon 0 65 07-38 36
Telefax 0 65 07-38 96
E-Mail mail@st-laurentius-sekt.de
www.st-laurentius-sekt.de

kommen", meint der Sektwinzer. Er stecke sich ständig neue Ziele, Stillstand dürfe es nicht geben. Bei dem Bemühen um immer höhere Qualitäten hilft ihm neben seiner Frau Gisela ein junges, engagiertes Team. Auch die Töchter Katja und Nadine sind mit Begeisterung dabei und wollen nach ihrer Ausbildung in den Betrieb einsteigen. Inzwischen hält der Erfolgstrend an. 2002 wurden in Rheinland-Pfalz alle sieben zur Bewertung eingereichten Sekte mit Gold ausgezeichnet. Hoch geschätzt sind die Kreszenzen aus Leiwen bei der Spitzengastronomie. Selbst ein Restaurant in der Champagne lässt sich regelmäßig damit beliefern. Die Freunde des Hauses treffen sich gern beim sommerlichen Hoffest im Juli oder zu den Probiertagen im November, bei denen sie 30 unterschiedliche Sekte verkosten können. Das angemessene Ambiente dafür bietet der stilvolle Gutsausschank. Hier arrangiert die Familie Herres nach Voranmeldung exklusive Menüs, von Spitzenköchen in der gutseigenen Küche zubereitet. Vom Aperitif bis zum Digestif begleiten die Speisen ausschließlich Sekte, die perfekt mit den einzelnen Gängen harmonieren – ein ebenso kulinarisches wie prickelndes Vergnügen.

Gasthaus Zur Malerklause

Gasthaus Zur Malerklause

Im Hofecken 2
54413 Bescheid
Telefon 0 65 09 - 5 58
Telefax 0 65 09 - 10 82
E-Mail info@malerklause.de
www.malerklause.de

Ruhetage: Montag und Dienstag

„Kochen ist Lust", bekennt Hans Georg Lorscheider, Küchenchef der „Malerklause", und dabei leuchten seine Augen, als schwärme er von einer schönen Frau. Der enthusiastische Gastronom hat ein geradezu liebevolles Verhältnis zu dem, was sich unter seinen Händen zu feinsten, nuancenreichen Kreationen formt. Kochen wurde ihm zur Leidenschaft und Passion. Das Interesse an diesem Metier erwachte früh. Doch erst mit 40 Jahren erfüllte sich der geborene Moselaner 1991 nach mancherlei beruflichen Umwegen und einer jahrelangen Kochausbildung den Jugendtraum einer eigenen Gourmet-Küche. Inzwischen ist die „Malerklause" kein Geheimtipp mehr. Sie erhielt 2002 stolze 16 Punkte vom Gault Millau und taucht in sämtlichen Gastro-Führern mit Punkten, Hauben und Bestecken auf.

Um das kleine Gasthaus im idyllisch-ländlichen Bescheid reihen sich Obst- und Kräutergärtchen. Hier erntet der Küchenmeister mediterrane Gewürze sowie von Mai bis Dezember frische Beerenfrüchte für seine köstlichen Sorbets und Desserts. Lorscheider holt seine erlesenen Zutaten nur dort, wo die Natur sie wachsen und gedeihen lässt, und was die Jahreszeit nicht hergibt, kommt auch nicht auf die Karte. Moselzander ist bei ihm Moselzander und kein Teichfisch, Seefisch kommt aus dem offenen Meer und

nicht aus der Fischzucht, das Wild aus den Eifeler und Hunsrücker Jagdrevieren. „Alles, was sich richtig bewegt, schmeckt“, so der Küchenchef. Vielleicht hat ihm seine Urgrossmutter aus Frankreich die feine Zunge samt Kochtalent vererbt. Die Haute Cuisine spielt zumindest neben regionalen Spezialitäten auf Lorscheiders (holz- und kohlebeheiztem!) Herd eine große Rolle. Terrine von der Gänsestopfleber im Baumkuchenmantel, Imperialmuscheln im Gewürzkräutersud oder Hummer in Walnussessigsauce zeigen frankophilen Einfluss. Das kulinarische Vergnügen lässt sich in vier, fünf oder auch sechs Gängen genießen, die Beate Lorscheider und Sohn Mario servieren. Essen ist Wohlgefühl. Dem entspricht auch das Ambiente des kleinen Feinschmecker-Restaurants. Ein gemütlicher Kachelofen, antike, holzgeschnitzte Stühle sowie in warmen Farben eingedeckte Tische empfangen den Gast im „Hinterzimmer“. Vorne, im Eingangsbereich, existiert noch die rustikale Wirtsstube des alteingesessenen Gasthauses mit Biertheke für die Einheimischen. Wer hier erstmals eintritt, ahnt kaum, dass eine Treppe tiefer neben dem Weinkeller mit internationalen Spitzenkreszenzen lebende Hummer in einem Bassin schwimmen. Die Felsenkeller mit unterschiedlichen Temperaturen hat der Hausherr selbst in den Naturschiefer gehauen. Weißweine wie Rotweine kommen so ohne jeden „Stress“ mit der idealen Trinktemperatur auf den Tisch – ein Service, den echte Gourmets zum erstklassigen Menü wohl zu schätzen wissen.

Bescheid

Dessert vom Apfel

Zutaten:
Für das Sorbet:

250 g Äpfel, 300 ml Läuterzucker (Zucker, Wasser 1:1), 100 ml Sekt, 4 EL Limettensaft, 2 cl Calvados

Für das Tresterparfait:

3 Eigelb, 65 g Zucker,
4 cl Tresterschnaps (Grappa)
250 g Schlagsahne, Puderzucker

Für die Apfeltarte:

50 g Marzipanrohmasse, 1 TL Mohn, gemahlen, 2 Tropfen Rum-Aroma
80 g Butter, 45 g Zucker, 120 g Mehl, 1 Eigelb
2 Äpfel, geschält, in Spalten, 1 EL Zimtzucker, 4 EL Aprikosenkonfitüre, 1 EL Mandelblättchen, geröstet, Früchte der Jahreszeit zum Garnieren

Zubereitung:

Äpfel schälen, entkernen, zerkleinern, mit Läuterzucker und Sekt weichkochen, passieren, Limettensaft und Calvados zugeben und unter häufigem Umrühren gefrieren.
Für das Parfait Eigelb mit Zucker im heißen Wasserbad schaumig rühren, Schnaps zugeben, im Eiswasser kaltrühren. Steife Sahne unterheben, in einer Terrine gefrieren lassen.
Marzipanmasse mit Mohn und Rum-Aroma mischen. Tarteteig kneten, ausrollen, in einer Tarteform von 24 cm Ø 10 Min. backen, mit Marzipan bestreichen, Apfelspalten darauf legen, mit Zimtzucker bestreuen und weitere 15 Min. bei 190° C backen. Tarte mit warmer Konfitüre bestreichen und Mandelblättchen garnieren. Tresterparfait in Scheiben schneiden, mit Puderzucker bestäuben und im Grill karamellisieren. Tarte, Parfait und Sorbet-Nocken auf dem Früchteteller anrichten.

Krone Riesling

Auf dem Weg von Leiwen nach Trittenheim lohnt der kleine Umweg über die Zummethöhe. Hoch über dem Fluss genießt man einen einzigartig schönen Blick über die enge Moselschleife, eingebettet in einem Meer grüner Reben, das sich bis weit zum Horizont erstreckt. Unten breitet sich auf der sanft gewellten Schwemmlandhalbinsel der hübsche Winzerort Trittenheim. Nicht weit von der Moselbrücke lädt das Hotel „Krone Riesling“ zu genussvoller Einkehr. Der renommierte Trittenheimer Gourmettreff direkt an der Uferpromenade, umgeben von schattigen alten Bäumen, wirkt selbst wie ein Stück Moselromantik. Vom Restaurant aus blickt man auf den Fluss und die vorbeiziehenden Schiffe. Gegenüber grüßen die berühmten Steillagen „Trittenheimer Altärchen“ und „Trittenheimer Apotheke“ und lassen sich in flüssiger Form gleich im Glase genießen. Im Sommer lockt die luftige Terrasse, die von einer prächtigen Glyzinie umrankt und überdacht wird. Sie mag so alt sein wie das herrschaftliche Anwesen selbst, das um 1900 als Stammhaus eines alteingesessenen Weinguts errichtet wurde.

Seit fast zwei Jahrzehnten führt die Familie Kalleicher das Traditionshaus „Krone Riesling“. Nomen est omen. Die Kalleichers fühlen sich dem Wein stark verbunden und machten sich mit ihrem Talent, kulinarische Veranstaltungen rund um den Rebensaft zu einem vergnüglichen und unvergesslichen Erlebnis zu machen, weithin einen Namen. „Herrliche Weine genießen und dazu eine

Krone Riesling
Hotel und Restaurant

Moselpromenade 9
54349 Trittenheim
Telefon 0 65 07 - 9 26 30
Telefax 0 65 07 - 92 63 40
E-Mail info@krone-riesling.de
www.krone-riesling.de

Trittenheim

besondere Küche", so Reiner Kalleicher zu der perfekten Allianz, die er mit seiner Frau Helga den Gästen in immer neuen Variationen offeriert: beim alljährlichen Wein- und Gourmet-Festival der Mosel, im Rahmen der weinkulinarischen Partnerschaft mit dem Kaiserstuhl, bei fantasievollen Riesling-„Reisen" um die Welt oder der traditionellen Fährfels-Gala im 100jährigen Weinberg.
Im Gewölbekeller der „Krone" lagert ausschließlich Riesling von Spitzen-Weingütern aus Trittenheim und der näheren Region. Den vorzüglichen Spätburgunder liefern die Partnerwinzer vom Kaiserstuhl. Selbstverständlich achtet der Hausherr auch bei allen Ausschankweinen auf hohe Qualität: Beim Mosel-Wettbewerb „Der beste Schoppen" glänzte die „Krone" jedes Jahr mit Siegerweinen. Bekannt wie die wohlsortierte Weinkarte ist die gute Küche des Hauses. Der Chef steht, unterstützt von zwei weiteren Köchen, selbst am Herd. Seine Erfahrungen sammelte er u.a. im Kempinski in Berlin sowie in renommierten Häusern von Köln und Düsseldorf. Die Karte wechselt er ständig, bevorzugt leichte, frische Kreationen mit viel Kräutern und Gemüsen, mediterran inspiriert und sorgfältig zubereitet. Saltimbocca von Loup de Mer auf Estragonschaum, zartes Entrecote mit geschmorten Tomaten und Rosmarinjus oder Rohmilchkäse mit Oliven und Weintrauben erinnern an Gaumenfreuden des Mittelmeerraums und passen wunderbar zum Charme dieser bukolischen Landschaft.

Seeteufel mit Limone und Honig glasiert auf gebratenem Spargel

Zutaten:

8-10 Stangen weißer Spargel
8 Medaillons vom Seeteufel
70 g geriebener frischer Ingwer
Saft von 8 Limonen
2 EL Honig
0,1 l Balsamico-Essig
0,75 l Kalbsjus
4 EL Champagnersauce
Olivenöl, Butter

Zubereitung:

Aus Ingwer, Limonensaft, Honig, Essig und Kalbsjus eine Sauce kochen. Den Seeteufel in Olivenöl von beiden Seiten glasig braten, 2 EL von der Sauce in die Pfanne geben und damit den Fisch nappieren, warm stellen. Spargel schälen und in größere Stücke schneiden, in Olivenöl bissfest braten, etwas von der Honigsauce zugeben und kurz durchschwenken. Den Seeteufel in einen großen, tiefen Teller geben. Die restliche Honigsauce mit kalter Butter aufmontieren und ein wenig über den Spargel träufeln. Nun die aufgeschäumte Champagnersauce über das Gericht geben und mit etwas Lauchstroh garnieren.

Mosel – europäische Gross-Schifffahrtsstrasse

Schiffsverkehr bei Zell

Hochwassermarken in Cochem

Seit 1841 das erste Dampfschiff bei den Moselanern für Gesprächsstoff sorgte, ist viel Wasser das Tal hinab geflossen. Heute schmückt sich der beschaulich-idyllische Fluss mit dem Attribut „Europäische Groß-Schifffahrtsstraße". Lastkähne mit 1 500 Tonnen Ladekapazität und Schubverbände bis zu 170 Metern Länge manövrieren um die engen Mäander und zwängen sich durch die insgesamt 16 Staustufen. Sie teilen sich die schmale Fahrrinne mit der weißen Flotte, die vom Frühjahr bis zum Spätherbst zu einem bunten Ausflugsprogramm lädt. Wer von den schönen Uferpromenaden aus den Strom beobachtet, wundert sich, welch reger Schiffsverkehr hier herrscht. Selbst riesige schwimmende Hotels aus der Schweiz, Frankreich oder den Niederlanden scheinen - je nach Perspektive - mitten durch die grünbelaubten Wingerte zu gleiten.

Die Älteren erinnern sich noch daran, dass man früher in heißen Sommern die Mosel stellenweise zu Fuß durchwaten konnte. Nach 1945 drängten die Franzosen auf die Schiffbarmachung des Flusses, um das lothringische Industrierevier verkehrstechnisch besser anzuschließen. Der Ausbau zu einer Wasserstraße wurde mit enormem Kostenaufwand bis 1964 abgeschlossen. Es war der politische Preis für die Rückgabe des Saarlandes an Deutschland. Die Staustufen hat man so in die Landschaft gesetzt, dass sie das moseltypische Bild nur wenig beeinträchtigen. Die kleinen Seen, die durch den Wasserstau entstanden sind, ermöglichen Bootssport und Wasserski, locken Badegäste und Angler. Die Schleusendurchfahrten bilden für große und kleine Schiffstouristen immer eine besondere Attraktion. Und nebenbei wird auch noch umweltfreundlicher Strom erzeugt, da alle Staustufen mit Kraftwerksturbinen ausgerüstet sind. Selbst die Fische hat man nicht vergessen – sie turnen auf eigens für sie

Im Cochener Krampen

Hotelschiff bei Kobern

angelegten Treppen über die sechs bis sieben Meter Höhenunterschied.
Moderne Technik ist das eine, Naturgewalten das andere. Trotz (oder wegen?) der Regulierung hat man die Launen des Flusses nicht gebändigt. Dauerregen und plötzliche Schneeschmelze in Vogesen, Hunsrück und Eifel treiben fast jedes Jahr die Mosel aus ihrem angestammten Bett. Das sonst so friedlich dahingleitende Gewässer wird zum reißenden Strom, schwappt über die Uferanlagen, überflutet Durchgangsstraßen und zuweilen die flussnahen Keller. Wenn's ganz schlimm wird, hat so mancher Anwohner den begehrten „Moselblick" direkt im Wohnbereich. Doch Panik breitet sich nicht aus. Die Moselaner kennen ihren Fluss und sind entsprechend vorbereitet. Hochwasser hin, Überschwemmung her – sobald der Pegel wieder sinkt, zieht man die Gummistiefel an, krempelt die Ärmel auf und bewaffnet sich mit Schläuchen, Eimern und Besen. Die Mosel kommt, die Mosel geht ...
Die historischen Hochwassermarken, die sich in fast jedem Ort an alten Gebäuden finden, geben beredtes Zeugnis davon. Sie zu studieren hat einen gruseligen Reiz – zumindest wenn man bei strahlendem Sonnenschein auf trockenem Boden steht. Anno 1784 stieg der Pegel Trier auf die gemessene Rekordhöhe von 11,50 m über normal (bereits bei 8 m heißt es Land unter für viele Uferstraßen). Eine ähnliche Katastrophe wiederholte sich erst wieder Weihnachten 1993 und ist als Jahrhunderthochwasser mit 11,40 m noch gut in Erinnerung. Doch glücklicherweise leistet sich die Mosel solche Eskapaden nur außerhalb der Saison. Im Sommer erinnern allenfalls ein paar Treibgutreste in der Uferböschung daran, dass sich das liebliche Gewässer auch in ein tobendes Ungeheuer verwandeln kann.

Brauneberger Hof

Brauneberger Hof Hotel, Restaurant, Wein- & Sektgut

Moselweinstrasse 136
54472 Brauneberg
Telefon 0 65 34-14 00
Telefax 0 65 34-14 01
E-Mail
hotel.brauneberger-hof@t-online.de
www.mosel-erlebnis.de

Es gibt Häuser, die den Gast spontan für sich einnehmen. Der Brauneberger Hof mitten im gleichnamigen Moselort gehört dazu. Kaum ist man eingetreten, umfängt einen unverstellte Herzlichkeit, Gemütlichkeit und Wärme. Das schöne alte Fachwerkhaus, das sich – gehegt und gepflegt - so wohl zu fühlen scheint wie die Besucher in seinen schmucken Räumen, wirkt einladend in jedem Detail. Mit dem behaglichen Holz in Decken, Wänden und Fußböden, den liebevoll gedeckten Tischen neben dem alten Hausbrunnen, den vielen Accessoires und Antiquitäten, mit denen die Familie Conrad ihr Landidyll-Hotel ausgestattet hat. In dieser stimmungsvollen Atmosphäre Urlaub zu machen, zu entspannen und zu speisen, ist ungetrübter Genuss. Die Küche hält, was das anheimelnde Ambiente verspricht. Küchenchef Walter Karg, unterstützt von der liebenswürdigen Hausherrin, füllt Töpfe und Pfannen ausschließlich mit Produkten, die Markt und Jahreszeit blütenfrisch bereit halten. Die Speisekarte – sie lädt jeden Samstag zu einem „Kulinarischen Menü" – liest sich wie ein Event-Kalender mit immer neuen Verlockungen: Mosel-Rotaugen, Gnocchi mit Ziegenfrischkäse, Entenbrust in Honig-Lavendelsoße oder auch Sushi mit Riesling. Pommes sind verpönt. Statt dessen labt sich der Gast an hausgemachten Spätzle, Serviettenknödeln oder knusprigen Kartoffelplätzchen. Auch die Moselfische, eine Spezialität des Hauses, kommen nur saisonal auf den Tisch und schmecken köstlich. Wer möchte, folgt den Spuren des Lukull im urigen Gewölbekeller, wo auf

Vorbestellung nach Originalrezepten des Römers Marcus Gavius Apicius gekocht wird. Dass man damals schon raffiniert zu schlemmen wusste, ist bekannt.
Doch was wäre ein gutes Essen ohne den passenden Wein. (Tipp von Hilde Conrad: Er sollte sich immer an der Soße orientieren). Da bieten sich zum Beispiel die hervorragenden Rieslingweine aus den weltberühmten Spitzenlagen Brauneberger Juffer und Juffer Sonnenuhr aus dem Weingut an, das die Familie seit 14 Generationen bewirtschaftet. Die Tradition führt heute der Sohn des Hauses fort, Winzermeister Martin Conrad, der wertvolle Erfahrungen in renommierten Weinbaubetrieben des Rheingaus und in Franken sammelte. Er pflegt die Wingerte in den steilen Südhängen umweltschonend, erntet durch Ausdünnen und Handlese hohe Qualitäten und belässt den Weinen im Keller ihre natürliche Fruchtsüße sowie den unverwechselbaren Rebsorten- und Lagencharakter. Das Terroir, so Conrad, sei für die Qualitätsbeurteilung wichtiger als die herkömmliche Klassifizierung in Begriffen wie Kabinett, Spätlese, Auslese usw. Seine besten trockenen und halbtrockenen Weine wie auch edelsüßen Spitzenweine erkennt man an der goldenen Kapsel.

Von den fruchtigen Moselspezialitäten im Juffer schwärmte seinerzeit schon der dritte Präsident der USA, Thomas Jefferson. Damals hieß Brauneberg noch Dusemond, aus „dulcis mons" (süßer Berg). Nomen est omen.

Mosel-Rotaugenfilets mit Ingwerschalotten und Butter-Fettuccini

Zutaten:

600 g Rotaugenfilets mit Haut
0,5 l Riesling
Saft einer halben Zitrone
Salz, Pfeffer
1 EL gehackter Dill
etwas Mehl
150 g Butter
400 g Schalotten gewürfelt
20 g gehackter Ingwer
2 EL Honig
ca. 400 g Fettuccini
1 Möhre

Zubereitung:

Rotaugenfilets in $^2/_3$ des Weins mit Zitronensaft, etwas Salz, Pfeffer und Dill ca. 10 Min. marinieren. 50 g Butter bei mittlerer Hitze zergehen lassen, Ingwer und Schalotten darin goldgelb bräunen, salzen und pfeffern. Rest des Weins und Honig hinzufügen, Topf schließen und etwas schmoren lassen. 2 l Wasser mit etwas Salz und Öl zum Kochen bringen, Fettuccini darin ca. 10 Min. köcheln, abschütten und abschrecken. 50 g Butter in einem Topf schmelzen, Fettuccini darin schwenken. Haut der Rotaugen mehlieren und diese Seite in Butter kross braten. Auf einem großen Teller die Nudeln zu einer Rolle drehen, Filets und Ingwer-Schalotten dazu legen, mit Dill und Möhrenblumen hübsch garnieren. Köstlich dazu: eine trockene Riesling Spätlese aus der renommierten Weinlage Brauneberger Juffer.

Weinromantikhotel Richtershof

Historische Gebäude mit moderner Architektur zu verbinden, verlangt Traditionsbewusstsein, Fantasie, Einfühlungsvermögen und sicheres Stilempfinden. Beim Weinromantikhotel Richtershof in Mülheim ist dies in beeindruckender Weise gelungen. Hier harmonieren in einem einzigartigen Ensemble Altes und Neues, Bruchsteinmauern und Glasfronten, ländlicher Charme und luxuriöses Ambiente. Das Vier-Sterne-Haus in einer alten Parklandschaft, erst 2001 eröffnet, bietet Hotel- und Tagungsgästen höchsten Komfort in gewachsener Kultur und einer Atmosphäre, die anspruchsvoll und anheimelnd zugleich ist.

Zentrum des herrschaftlichen Anwesens ganz in der Nähe von Bernkastel-Kues bildet das über 300 Jahre bestehende Weingut Richtershof. Ein Teil seiner Bauten aus Barock, Gründerzeit und Jugendstil wurde mit großem Geschick zu einem noblen Hotelkomplex mit Feinschmecker-Restaurant umfunktioniert. Das Weingut selbst blieb erhalten, so dass die Gäste neben den Annehmlichkeiten des Hotels und den kulinarischen Genüssen auch noch Weinbau und Kellerwirtschaft hautnah erleben können – bei Weinwanderungen und der Weinlese, Kellerführungen, Weinseminaren und natürlich Weinverkostungen. So manches Fuderfass aus besten Moseljahrgängen lagert im alten Gewölbe- und Säulenkeller, dazu die Raritäten der Schatzkammer, in der die älteste Flasche – ein Bernkasteler Doctor – von anno 1846 datiert.

Jeder Bereich dieses mit viel Ideen und Stilgefühl gestalteten Ensembles trägt

Weinromantikhotel Richtershof

Hauptstraße 81-83
54486 Mülheim bei Bernkastel-Kues
Telefon 0 65 34-94 80
Telefax 0 65 34-94 81 00
E-Mail info@richtershof.de
www.richtershof.de

Geöffnet: ganzjährig

seinen eigenen Charakter. Die ehemalige Kelterhalle imponiert als großzügiger, lichtdurchfluteter Wintergarten mit lässig-eleganten Korbmöbeln und freiem Blick in den schönen Park. Gleich dahinter hat in einem original Metzgerladen von 1911 das

Frühstücksbuffet seinen Platz. Das Restaurant gegenüber – wohnlich, hell und unterteilt in kleinere Räumlichkeiten – war ursprünglich ein Kolonialwarengeschäft. Hier locken frische, leichte, vitaminreiche Gaumenfreuden, bei denen Bodenständiges gekonnt verfeinert und mit Akzenten der Haute Cuisine gekrönt wird. Im Sommer speisen die Gäste im Schatten alter Kastanienbäume auf der Terrasse, umgeben von dem romantischen Garten und dem leisen Rauschen des Wasserfalls am Teich. Wer am Abend Lust auf einen Schlummertrunk hat, begibt sich in die gemütlich-rustikale Cocktailbar in der alten Fachwerkremise. Den stimmungsvollen Rahmen für Feste und Tagungen dagegen gibt der prächtige „Ballsaal" im Jugendstil ab. Eine besondere Referenz an den Gast sind in diesem Refugium die überaus komfortablen, mit erlesenem Geschmack ausgestatteten Zimmer und Suiten. Jedes für sich ein Unikat und eine Empfehlung des Hauses, das die Hotellerie an der Mittelmosel auf hohem Niveau bereichert. Das Weinromantikhotel Richtershof zählt dort ohne Zweifel zu den ersten Adressen.

Trilogie aus dem Meer an zweierlei Saucen, grüner Spargel und feine Nudeln

Zutaten:

320 g Seeteufelfilet
160 g Loup de mer (küchenfertig)
100 g Jakobsmuschelfleisch
20 g geriebenes Weißbrot
2 EL Sauce Hollandaise
Dill, Salbei, Estragon
1 Zitrone

Zubereitung:

Seeteufelfilet in 8, Loup de mer in 4 gleichgroße Stücke teilen. Jakobsmuschelfleisch würfeln, mit Weißbrot, Sauce Hollandaise und fein gehackten Kräutern mischen. Auf dem Loup de mer wird nach dem Wenden das Jakobsmuschelfleisch verteilt und bei ca. 180° C im vorgeheizten Backofen 4 Min. gratiniert.

Paprikasauce:

1 rote Paprika entkernen, in Streifen schneiden, in 30 g Margarine farblos anschwitzen, je 50 g Fischfond und Sahne zugeben, aufkochen, pürieren. Durch ein Sieb passieren, mit Salz und Pfeffer abschmecken und 20 g Butter einrühren.

Safransauce:

20 g Schalottenwürfel in 20 g Butter glasig dünsten, 80 g Fischfond, 50 g Sahne und 10 Safranfäden dazugeben und kochen lassen, bis die Sauce schön gelb wird, mit Salz und Pfeffer abschmecken und 20 g Butter verfeinern.

Dazu reicht der Richtershof hausgemachte, in Butter geschwenkte und mit Salz und Muskat abgeschmeckte feine Nudeln und grünen Spargel.

Weingut Max Ferd. Richter

Weingut Max Ferd. Richter

Hauptstraße 37/85
54486 Mülheim
Telefon 0 65 34-93 30 03
Telefax 0 65 34-12 11
E-Mail weingut@maxferdrichter.com
www.maxferdrichter.com

An einem Herbsttag des Jahres 1813 stand Franz Ludwig Niessen auf dem Mülheimer Klosterberg vor Napoleon und überreichte ihm eine Schale mit Weintrauben. Ein Gemälde hält die denkwürdige Szene fest, denn jener Urahn der Familie Richter rettete mit seinem persönlichen Einsatz sowie der Zahlung von 3 000 Talern den Weinort und die Grafschaft Veldenz vor der Brandschatzung durch die Franzosen, die nach der Völkerschlacht bei Leipzig in Richtung Heimat zogen. Die Geschichte des Hauses Max Ferd. Richter, das über Jahrhunderte in Mülheim eine herausragende Rolle spielte, begann 1680 mit der Gründung eines Handelshauses für Kolonialwaren. Im Laufe der Generationen entwickelte es sich zu einem blühenden Exportbetrieb. Man verkaufte Wein in die Niederlande und tauschte dafür Waren ein,

die bis nach Österreich-Ungarn gingen. Ab Ende des 19. Jh. wandelte sich das Universalhandelshaus dann zu einer der führenden Weingroßhandlungen an der Mosel. Der Weinbergsbesitz wurde vermehrt und 1880 von Max Ferd. Richter eine imposante Kellerei gebaut, deren Holzfasskeller noch jetzt zu den größten an der gesamten Mittelmosel zählen. Die Fässer leerten seinerzeit vor allem Preußen. Sieben von zehn Flaschen verkaufte der Großvater nach Berlin, wie Dr. Dirk Richter erzählt. Der traditionsbewusste Kaufmann und Winzer führt heute gemeinsam mit seinem Vater, dem Ökonomierat Horst M. F. Richter, den Betrieb und sorgt dafür, dass die Richter-Weine als „Botschafter des Mosellandes“ immer auch ein Stück Kultur vermitteln. Man orientiert sich beim Ausbau der Weine nicht am internationalen Geschmack, sondern hält „Bodenkontakt“. Jede der renommierten Lagen des Betriebs in Mülheim, Wehlen, Graach, Bernkastel, Trarbach und Brauneberg soll mit ihrem besonderen Terroir individuell und differenziert zum Ausdruck kommen. Zu 90 Prozent wird im Weingut Richter Riesling angebaut und in Eichenholzfässern vergoren. Für die Produktion der hervorragenden Qualitäten gibt es klare Grundsätze. Naturnahe Bewirtschaftung, Mengenbegrenzung und vor allem die sehr späte, sorgfältige Handlese gehören dazu. „Das macht die Säure reifer, bringt mehr Aroma und rassige Weine“, so Dr. Richter. Auch eine gewisse Restsüße schätzt er beim spritzig-herzhaften Mosel. „Dann wirkt er belebend auf den Gaumen wie ein Sorbet.“ Die ausgezeichnete Lagerfähigkeit und Haltbarkeit, für die Richter-Weine bekannt sind, ist das Ergebnis langsamer und schonender Reifung.

Mit konsequenter Qualitätsstrategie und hochwertigen, moseltypischen Rieslingen kämpft das Weingut Max Ferd. Richter an vorderster Front erfolgreich für den guten Ruf der Moselweine und damit gegen das verbreitete Image von süßer, billiger Massenware. „Was du ererbt von deinen Vätern hast, erwirb es, um es zu besitzen.“ Ganz im Sinne dieses schönen Goetheworts – einer Maxime von Dr. Richter – knüpft der Nachfahr einer langen stolzen Ahnenreihe am früheren hohen Standard der Moselweine an, verbindet Tradition mit Moderne und setzt neue Maßstäbe. Mehr als zwei Drittel seiner trockenen, halbtrockenen und edelsüßen Weine finden ihre Liebhaber in den USA, Großbritannien, Japan, Australien oder Hongkong. Gern kommen Gäste aus aller Welt zu den interessanten Weinproben, Führungen, Wanderungen und kulinarischen Veranstaltungen, die Dr. Richter auf Voranmeldung gern organisiert. Wer daran teilgenommen hat, weiß nicht nur mehr über Reben und Wein. Er beginnt auch besser zu begreifen, warum es – unabhängig von guten und schlechten Zeiten – vor allem Menschen mit Respekt vor der Leistung der Vorfahren sind, die Tradition und Kultur eines Landes bewahren.

Bernkastel-Kues

Stadtbild aus luftiger Höhe

Geruhsame Anreise per Schiff

Um 1360, so berichtet die Legende, packte den Trierer Erzbischof Boemond II. auf Burg Landshut oberhalb von Bernkastel ein böses Fieber. Die Ärzte, am Ende ihrer Kunst, hatten ihren Herrn schon aufgegeben, als ein Weinbäuerlein vor dem Schloss erschien und erklärte, es brächte den rechten Doktor mit. Man ließ ihn vor und er reichte dem Kirchenfürst golden funkelnden Wein einer ganz bestimmten Lage. Der Kranke kostete einen Schluck, nahm noch einen und trank schließlich den ganzen Becher leer. Er fiel in tiefen Schlummer und genas danach in wenigen Tagen. Fortan nannte man diese wundersame Medizin „Bernkasteler Doctor". Sie belebt die Geister noch heute und gilt als eine der wertvollsten Riesling-Lagen an der Mosel.

Dass der legendäre Kurfürst sich zu jener Zeit in Bernkastel aufhielt, war kein Zufall. Das Schloss, um 1300 auf den Resten einer älteren Burg erbaut, galt als beliebte Sommerresidenz der hohen Herren aus Trier, die schon immer ein treffliches Gespür für Gottes schöne Natur und die besten Weine hatten. Unterhalb der Burg, deren Bergfried eine herrliche Aussicht bietet, breitet sich das „Herz der Mittelmosel" in seiner ganzen mittelalterlichen Pracht. Die Fachwerkbauten in den verwinkelten Gassen zählen zu den schönsten im gesamten Moseltal. Hauptattraktion ist der anheimelnde Marktplatz, der wie durch ein Wunder von Brand und Zerstörung verschont blieb und noch genau so dasteht, wie er um 1600 errichtet wurde. Kirchen- und Stadtpatron St. Michael auf dem Brunnen hält die Waage des Gerichts in der Hand, denn in der ehemals offenen Halle des Renaissance-Rathauses wurde über kleine und große Sünder Gericht gehalten. Pranger und eiserne Ketten unter den Inschriften „Hochgerichtliche Straff" und „Bürgerliche Züchtigung" zeugen davon, dass man seinerzeit nicht zimperlich war. In der Karlsstraße gleich nebenan kommt keine Kamera an dem lustigen Spitzhäuschen vorbei, das – 1583 auf winzigster Fläche erbaut – schräg nach oben wächst und ebenso kurios wie einzigartig ist.

Der Stadtteil Kues auf der gegenüber liegenden Moselseite steht ganz im Zeichen seines berühmten Bürgers Nicolaus Cusanus, der hier 1401 als Sohn eines wohlhabenden Moselschiffers das Licht der Welt

Burg Landshut

erblickte und es bis zum Kardinal und päpstlichen Generalvikar in Rom brachte. Als Jurist, Naturwissenschaftler, Philosoph und weitgereister Diplomat im Dienst der Kirche gewann er mit seinem fortschrittlichen Denken großen Einfluss auf die Geisteswelt des Spätmittelalters. Schon der Titel seines Hauptwerkes „De docta ignorantia“ (Über die gelehrte Unwissenheit) kennzeichnet ihn als modernen, kritischen Denker.

Seinem sozialen Engagement verdankt Kues das sehenswerte Sankt-Nikolaus-Hospital mit Kirche und Bibliothek, welches im Stadtbild sofort ins Auge fällt. Cusanus investierte sein gesamtes Vermögen in diese Stiftung, deren bauliche Schönheit und wirtschaftliche Basis alle Wechselfälle der Geschichte überdauert hat. Symbolisch für jedes Lebensjahr von Christus nimmt das Hospital noch heute 33 bedürftige, ältere Männer auf, die ihren Lebensabend in diesem ehrwürdigen Haus verbringen dürfen. Die Finanzierung – wie könnte es an der Mosel anders sein – sichert seit fast 550 Jahren der Ertrag der Weinberge, die zum Stift gehören, darunter so berühmte Lagen wie Kueser Kardinalsberg, Brauneberger Juffer oder Bernkasteler Badstube. In sie muss der kluge Denker mit Recht großes Vertrauen gesetzt haben.

Nikolaus Cusanus, den seine Missionen bis nach Konstantinopel brachten, blieb seiner Heimat immer in besonderer Weise verbunden. Als er 1464 starb, bestattete man die sterbliche Hülle zwar in Rom, doch sein Herz ließ er herausnehmen und an die geliebte Mosel bringen. Es ruht in seiner Stiftskirche.

Giebel auf dem historischen Marktplatz

Weingut Wwe. Dr. H. Thanisch – Erben Thanisch

Weingut Wwe. Dr. H. Thanisch – Erben Thanisch

Saarallee 31
54470 Bernkastel-Kues
Telefon 0 65 31 - 22 82
Telefax 0 65 31 - 22 26

Ein Raritätensammler bot 1985 für eine Flasche 1921er „Berncasteler Doctor“ Riesling Trockenbeerenauslese über 11 000 DM. Es war der höchste Preis, der jemals für eine Flasche Moselwein gezahlt wurde. Die teuerste Weißweinlage Deutschlands verdankt ihren Namen jenem legendären Trierer Erzbischof, den ein „Doctor“-Wein anno 1360 so wundersam kurierte. Ihren Weltruf dagegen begründete die Familie Thanisch Ende des 19. Jahrhunderts, als ihre Weine aus dem Wingert Spitzenpreise bei den aufkommenden Weinversteigerungen erzielten. Fürsten- und Königshäuser wurden mit ihnen beliefert und Staatsbesuche damit geehrt. König Edward VII. von England, Sohn der Queen Viktoria, ließ sich die herrlichen Kreszenzen von seinem Leibarzt als Medizin verschreiben.

Zu jener Zeit hatte in Bernkastel-Kues schon Katharina, die Witwe (Wwe.) des preußischen Landtagsabgeordneten Dr. Hugo Thanisch, das Regiment über das Weingut übernommen. Die Urgroßmutter der heutigen Besitzerin setzte mit spektakulären Erfolgen das Werk ihres verstorbenen Mannes fort und machte den „Doctor“-Weinberg damals zum wertvollsten in der ganzen Welt. Heute führt Sofia Thanisch-Spier nach ihrer Großmutter und Tante den Betrieb in der 4. Frauengeneration. Nicht nur Energie, Tatkraft und Weinverstand scheinen sich auf weiblicher Seite dominant vererbt zu haben. Auch Sinn für Stil und Tradition blieben lebendig und prägen den schönen Familienbesitz am Ufer der Mosel. Das dekorative Flaschen-Etikett der Urahnin Katharina mit der 1884 erbauten Villa und der berühmten, sonnverwöhnten Weinlage im Hintergrund blieb seit 1901 unverändert erhalten.

Auch beim Wein setzt die traditionsbewusste Thanisch-Enkelin auf Bewährtes und die individuelle Eigenart der Region. Gemeinsam mit Kellermeister Olaf Kaufmann baut sie die Weine ihrer Lagen in Bernkastel-Kues, Graach und Brauneberg zu

den weltweit begehrten Spezialitäten aus. „Schließlich waren es die edelsüßen Beeren- und Trockenbeerenauslesen, Auslesen und Spätlesen, die den Moselwein berühmt gemacht haben", so die charmante Gastgeberin. Dem Trend zu trockenen, durchgegorenen Weinen mag sie nicht folgen. „Die Rieslinge von der Mosel haben eine ausgeprägte, feine Fruchtsäure, die erst mit etwas Süße ihre vollendete Harmonie erlangen", meint sie und schenkt dazu überzeugende, flüssige „Argumente" ein: Weine, die mit Fülle und Frucht, filigraner Struktur und feiner Würze beeindrucken und ideale Begleiter feinster Speisen sind. Sie werben in aller Welt für das traditionsreiche VDP-Weingut, das sich hohem Qualitätsstandard verpflichtet fühlt.
Mit den beiden Töchtern Christina und Juliane wächst inzwischen bereits die fünfte Frauengeneration im Hause Thanisch heran. Sofia Thanisch-Spier denkt gern daran, dass einmal eine der Töchter das „Matriarchat"

fortsetzen könnte. Die Liebe zum Wein kommt von beiden Seiten, denn Vater Ulrich Spier unterrichtet als Weinbauberater an einer Fachschule.

Hotel „Zur Post“

Hotel „Zur Post“

Gestade 17
54470 Bernkastel-Kues
Telefon 0 65 31 - 9 67 00
Telefax 0 65 31 - 96 70 50
E-Mail
info@.Hotel-zur-Post-Bernkastel.de
www.Hotel-zur-Post-Bernkastel.de

Geöffnet:
ganzjährig außer Januar

Hotels mit dem Namen „Zur Post“ haben meist eine lange und rühmenswerte Geschichte. Schließlich war die Postkutsche über Jahrhunderte die einzige regelmäßige Verbindung zwischen den Städten. Ihre Stationen boten den Reisenden Ruhe und Rast, Speis und Trank, bevor es anderntags mit zwei oder vier Pferdestärken weiterging. Das hübsche Bild an der Hauswand des 1827 in Bernkastel erbauten Gasthauses mit der alten Kutsche und dem Postillion erinnert daran.

Die Zeiten haben sich geändert. Doch der Tradition dieser Gastlichkeit fühlt sich die Familie Rössling auch heute verpflichtet. Mit viel Stilgefühl und persönlichem Einsatz hat sie es verstanden, das historische Flair bei der Restaurierung des schönen alten Gasthauses zu erhalten und harmonisch mit modernem Komfort, gediegener Ausstattung und hohen Ansprüchen an Küche und Keller zu verbinden. Das Moselufer und die bezaubernde mittelalterliche Altstadt sind nicht weit, oberhalb des historischen Hauses thront malerisch die Burg Landshut und drinnen erwartet die Besucher eine Atmosphäre, wie sie zur Romantik des vielbesuchten Weinortes nicht besser passen könnte. Kein Wunder, dass Gäste aus ganz Europa, Fernost und Amerika sich immer wieder gern hier einfinden.

Gastgeber Bernhard Rössling, Hotelkaufmann und Grandseigneur, kam beruflich bis nach Indien und arbeitete viele Jahre im Steigenberger-Konzern. Dort lernte er auch seine Ehefrau Hella kennen, die sich heute gemeinsam mit Schwiegertochter Elke um Rezeption, Service und Hotel kümmert. Juniorchef Jochen Rössling hat sein Reich in der Küche, wo er zusammen mit

Küchenmeister Rainer Bäumler Gekochtes, Gesottenes und Gebratenes auf die Teller zaubert, alles frisch zubereitet und von bester Qualität, wie es der Markt gerade hergibt. Viele Fischgerichte werden angeboten und natürlich auch Wild, wenn die Jagdsaison dazu einlädt. Tafelspitz oder Lammcarreé mit Kräuterkruste stehen seit über 30 Jahren auf der Karte und gelten als unverzichtbare Post-Klassiker. Zu den vorzüglichen Speisen offeriert Seniorchef Rössling, bekannt als großer Weinkenner, einen wohlsortierten Keller. Über 100 edle Gewächse aus besten Lagen – vornehmlich der Mittelmosel – stehen zur Wahl. Das schätzen besonders die Gäste, die eigens des Weines wegen an die Mosel reisen, und sei es vom fernen Japan aus. Ein Highlight im Veranstaltungskalender sind die „Kulinarischen Weinproben" in der „Post". Zu einem erlesenen, festlichen Menü lässt Rössling die begleitenden Weine von den erstklassigen Weinerzeugern selbst kommentieren. Jüngst hatte er z.B. den Ahr-Winzer Gerhard Stodden dazu geladen, den Aufsteiger des Jahres 2002 im Gault Millau. So mancher Schlemmer freut sich dann, dass er unbeschwert genießen und sein Haupt in einem der komfortablen Zimmer des Hotels zur Ruhe betten kann.

Gebratene Kaninchenrückenfilets im Speckmantel auf gedünstetem Wirsing an Portweinsauce mit Schupfnudeln

Zutaten:

12-16 Kaninchenfilets (ca. 800 g)
12-16 hauchdünne Scheiben Räucherspeck
$^1/_4$ l roter Portwein
2 Schalotten in Streifen
$^1/_4$ l braune Grundsauce
Öl, 1 EL Butter
Salz, Pfeffer

1 kl. Wirsing in feinen Streifen
1 gewürfelte Zwiebel
1 EL Butter
etwas Gemüse- oder Fleischbrühe

Zubereitung:

Kaninchenfilets von Häuten und Sehnen befreien, das dünne Ende umklappen, mit einer Scheibe Speck umwickeln und kühl stellen.
Häute und Sehnen in Öl anbraten, Schalotten zugeben, kurz mitbraten, mit Portwein ablöschen und alles auf ein Drittel reduzieren lassen, mit der Grundsauce auffüllen, aufkochen und durch ein Sieb passieren, mit Salz, Pfeffer und einer Prise Zucker abschmecken.

Zwiebel in Butter glasig dünsten, Wirsing und etwas Brühe zugeben, mit Salz, Pfeffer und Muskat würzen und zugedeckt bissfest garen.
Die Kaninchenfilets in Öl von allen Seiten anbraten und bei 180 °C 4-5 Min. in den Ofen stellen.
Schupfnudeln (sie werden im Hotel zur Post selbst zubereitet) in Butter goldbraun braten. Sauce erwärmen (nicht mehr kochen) und die kalte Butter mit einem Schneebesen einschlagen. Alles hübsch auf vier Tellern anrichten.

Altes Brauhaus

Altes Brauhaus

Gestade 4
54470 Bernkastel-Kues
Telefon 065 31-25 52
Telefax 065 31-91 55 47
E-Mail brauhaus@hotel-baeren.de
www.hotel-baeren.de

Januar und Februar geschlossen

Dass in der Weinbaumetropole Bernkastel-Kues auch das Bierbrauen Tradition hat, lag am frischem Bergwasser. Bis ins 20. Jahrhundert hinein nutzte man die ergiebigen Quellen für die Herstellung des Gerstensaftes. Die Brauerei Wagner, eine der beiden ehemaligen großen Brauereien der Stadt, errichtete 1895 auf ihrem Gelände ein stattliches Gebäude für die Gastronomie, das heutige „Alte Brauhaus". Es steht bereits in der dritten Generation unter Leitung der Familie Kettermann und entwickelte sich zu einem beliebten Treffpunkt für einheimische wie internationale Gäste. Die mit warmem Holz verkleidete, rustikale Gaststube ziert noch der Teil einer alten Sudhaube und sorgt für ein zünftiges Ambiente. Hier lässt es sich bei einem gepflegten Bier vom Fass, einem guten Glas Wein und herzhaft-deftigen Gerichten aus der Brauhausküche vom Früh- bis zum Dämmerschoppen gemütlich beisammen sitzen. Die großzügige, wetterfeste Terrasse gewährt freien Blick auf die Weinberge ringsum und das bunte Treiben an der Schiffsanlegestelle der Mosel. Man sieht und wird gesehen, freut sich an dem schönen Panorama und der gastfreundlichen Atmosphäre des traditionsreichen Hauses.

In der Küche sorgt der Schwabe Michael Mast mit seinem Team dafür, dass die Besucher gerne wiederkommen. Ländliche Gaumenfreuden in Form von herzhaften Suppen, knackig-frischen Salaten, Gemüsen der Saison, Fleisch- und Fischspezialitäten sind ständig im Repertoire. In der „Guten Stube" serviert das Brauhaus-Team aber auch anspruchsvolle Menüs bis zu sieben Gängen, zum Beispiel bei den Kulinarischen Weinproben, die fester Bestandteil der Karte sind. Sobald im November St. Martin reitet, ordern die Freunde des Hauses rechtzeitig ihr Gänse-Essen „beim Kettermann". Die Küche revanchiert sich mit knusprig gebratenem Federvieh, das frisch aus dem Ofen auf den Tisch kommt - eine beliebte Spezialität des Hauses. Dabei wartet das „Brauhaus" mit ausgesuchten Weinen der

Region auf. Dieter Kettermann zählt zu den engagiertesten Verfechtern der Aktion „Der beste Schoppen" und weiß, was das berühmte Moselstädtchen Weinfreunden aus aller Welt schuldig ist.
Die Familie Kettermann repräsentiert eine lange gastronomische Tradition. Die Liebe zum Beruf und persönliches Engagement spürt man in jedem ihrer Bernkasteler Häuser – im „Alten Brauhaus" ebenso wie im gepflegten, anheimelnden „Hotel Bären" unter Führung von Frau Kettermann und dem Bistro „Bärchen" vis-à-vis. Hier verwöhnt Sohn Dirk, Hotelbetriebswirt und gelernter Koch, das überwiegend jüngere Publikum mit leichter Küche und leckeren Snacks. Tochter Heike, Hotelfachfrau und Betriebswirtin, unterstützt den Vater tatkräftig im „Brauhaus". So werden Gastlichkeit, Qualitätsbewusstsein und fachliches Know-how von Generation zu Generation weitergegeben, damit sich die Gäste wohlfühlen und unbeschwert genießen können.

WINZERFLEISCH MIT GRÄWES

Zutaten:

800 g Schweinenacken
1 l Riesling
300 g Sauerkraut
300 g Kartoffeln
200 g Wurzelgemüse
1 Gemüsebündel
Lorbeerblätter, Wacholderbeeren, Nelke, Koriander, Senfsaat, Piment, Pfefferschrot, Salz

Zubereitung:

Schweinenacken in kochenden Sud von Riesling, Gemüsebündel und Gewürzen legen und ca. $1^1/_2$ Std. leicht köcheln lassen. Wurzelgemüse in feine Streifen schneiden. Gestampfte Salzkartoffeln und in Riesling gegartes Sauerkraut miteinander mischen (evtl. etwas Sud beigeben). Schweinenacken in Scheiben schneiden und auf dem Gräwes anrichten. Gemüsestreifen kurz im Sud blanchieren und über das Fleisch geben.

Beilstein, das „Dornröschen“ der Mosel

Zwischen Bernkastel-Kues und Cochem

Dreigiebelhaus in Kröv

Marienburg über dem Zeller Hamm

Namen wie Wehlener Sonnenuhr, Ürziger Würzgarten, Erdener Treppchen oder Kröver Paradies klingen Weinfreunden auf der ganzen Welt wie Musik in den Ohren. Im Weindorado rund um Bernkastel-Kues reiht sich Spitzenlage an Spitzenlage über Winzerdörfchen, die ihre Bekanntheit vor allem Flaschenetiketten verdanken. Bischöfe und Klöster waren hier über Jahrhunderte die größten Weinbergsbesitzer, bevor die französische Revolution das Ende der Feudalzeit einläutete. Doch der Trierer Kurstaat ist allgegenwärtig: in den sehenswerten Kirchen und Kapellen, den reichen Weinhöfen und eindrucksvollen Zehnthäusern.

Vom Weinhandelsplatz Traben-Trarbach aus wurden schon vor Jahrhunderten Moselweine zum Niederrhein und nach Holland verschifft. Zwar haben große Brände das mittelalterliche Stadtbild fast völlig zerstört, doch die wirtschaftliche Blüte im 19. Jh. hinterließ prächtige Bürgerhäuser und Jugendstilbauten, die der Stadt heute ihr architektonisch reizvolles Gepräge geben. Auf dem Hochplateau über Traben ließ Ludwig XIV. 1687 – 1697 die Festung Montroyal errichten, um von hier aus das Land zu erobern und die Rheingrenze zu sichern. Das gewaltige, 5 km lange Bauwerk, für das sich unter hartem Frondienst Tausende von Moselanern geplagt hatten, wurde – kaum fertiggestellt – mit den eigenen Pulvervorräten wieder in die Luft gejagt. Der machtbesessene Sonnenkönig hatte sich ganz Europa zum Feind gemacht und musste sich zurückziehen. Was blieb, war eine Spur der Verwüstung, die sich noch heute an den Burgruinen verfolgen lässt.

Netter ist die Geschichte der beherzten Burgherrin der Starkenburg bei Trarbach, die sich im 14. Jh. mit dem mächtigen trierischen Fürstbischof Balduin von Luxemburg anlegte. Dieser hatte bei Morbach eine Zwingburg errichten lassen und plünderte von dort aus die sponheimschen Lande, die er gern in seinen Besitz gebracht hätte. Gräfin Loretta, die junge attraktive Witwe des Grafen Heinrich II. von Sponheim, setzte daraufhin Balduin samt Gefolge bei einer Moselfahrt nach Koblenz gefangen, indem sie nach bekannter Manier einfach eine Kette durch den Fluss spannte.

Pulverturm in den Weinbergen von Zell

Sonnenuhr bei Ürzig

Weder massive Proteste anderer Herrscherhäuser noch der Bannfluch des Papstes konnten die couragierte Dame beeindrucken. Erst nach mehrmonatiger Haft ließ sie den hohen Herrn gegen ein angemessenes Lösegeld und weitreichende politische Zugeständnisse wieder ziehen. Von der Starkenburg blieben nur verfallene Reste. Doch der „Lorettablick“, 250 m über der Mosel, ist fast so schön wie es seiner Namensgeberin nachgesagt wird.
Der reizvolle Kontrast steiler Felshänge auf der einen und sanft gewellter Schwemmland-Halbinseln auf der anderen Uferseite begleitet uns weiter bis zum Zeller Hamm, wo die Moselschleife sich fast zu schließen scheint. Innerhalb der Schleife, auf dem engen Berggrat der Marienburg - Pünderich auf der einen, die Merler Königslay Terrassen auf der anderen Seite – sieht man den Fluss sowohl nach Süden, als auch nach Norden fließen, eine der typischen Kuriositäten dieser Landschaft.
Dazu zählt auch der Bremmer Calmont (aus calidus mons = heißer Berg), der steilste Weinberg Europas. 378 m hoch erhebt sich der Felsen mit Steigungen bis zu 65%. Auf ihm klettern nicht nur die Reben in schwindelerregende Höhen. Einheimische und Touristen genießen entlang der zerklüfteten Felsen wahrhaft alpine Kletterfreuden mit Seilen und Trittleitern. Immer im Blick: die tief abfallenden Rebhänge zum Fluss hinunter und die Klosterruine Stuben auf der gegenüberliegenden Seite, ehemals ein adeliges Damenstift.
Bis auf die Burg unzerstört blieb Beilstein, das „Dornröschen der Mosel“. Bekrönt von der Burgruine, die einst der Familie des berühmten österreichischen Staatskanzlers Metternich gehörte, drängt sich in einem winzigen, rebenbestandenen Talkessel ein einzigartiges Fachwerkensemble mit winkligen Gässchen, schmalen Toren und einem entzückenden Markplatz, der wegen der Enge ebenso wie die vielen einladenden, wohltemperierten Weinkeller in den Fels gebaut wurde. Die 112 Stufen der Klostertreppe zur barocken Kirche des Karmeliterordens gaben mehrfach eine fantastische Filmkulisse ab und stehen – wie jeder Stein in diesem romantischsten aller Moselorte - komplett unter Denkmalschutz.

Saxler's Restaurant im Weinhotel St. Stephanus

Anerkennung. Das Restaurant schmückt eine Lilie des Varta-Führers, überstrahlt die Sonne des Savoir vivre und zieren zwei Kochmützen im Bertelsmann Guide. Viele seiner Inspirationen holt sich der talentierte Koch aus Fernost. „Euro-asiatische Küche“ nennt er die Allianz auf seinem Herd, deren feines Zusammenspiel immer wieder neue, überraschende Geschmackserlebnisse offeriert. „Ski-Takesuppe mit Curry parfümiert und Lachsfilet auf Zitrourugras“, „Timbal vom Bachsaibling mit gebratenen Garnelen und Forellenkaviar“ oder „Hamburger Stubenküken mit Chili gebraten auf Spargeltempura“ nennen sich Kreationen, die mit asiatischen oder auch orientalischen Würzaromen und Zutaten Vertrautes variieren. Wer es handfester mag, wählt zum Beispiel Carpaccio vom Bio-Rind mit gebackenem Kalbsbries, Angus-Rinderfilet in Schalottenkruste oder Deichlamm mit Kartoffelgratin. Saxler wechselt die Karte monatlich und bindet fantasievoll ein, was der Markt gerade zu bieten hat. Für das Menü – auf Wunsch mit optimal abgestimmten Weinen – lässt sich der

Saxler's Restaurant im Weinhotel St. Stephanus

Uferallee 9
54492 Zeltingen-Rachtig
Telefon 0 65 32-6 80
Telefax 0 65 32-6 84 20
E-Mail info@Hotel-Stephanus.de
www.Hotel-Stephanus.de

Ruhetag: Mittwoch

Eines der stattlichen Gebäude im klassizistischen Stil, welche die Uferpromenade von Zeltingen prägen, trägt den Namen des traditionellen Stadtheiligen: das Weinhotel St. Stephanus. Hinter dieser moseltypischen Adresse verbirgt sich nicht nur ein komfortables Vier-Sterne-Hotel mit 82 Betten, sondern auch ein Treffpunkt für Gourmets. Seit Jahren bereichert Hermann Saxler mit seiner Kochkunst die kulinarische Szene der Region und erwarb sich damit hohe

Küchenchef Woche für Woche Neues einfallen. Überzeugend wie die Küche agiert auch der professionelle Service unter Leitung von Frau Kowalski. Sie umsorgt die Gäste mit ruhiger, freundlicher Aufmerksamkeit und steht beratend bei der großen, internationalen Weinkarte zur Seite. Zur Auswahl stehen übrigens auch halbe Flaschen sowie 16 hervorragende offene Weine – die meisten natürlich aus Spitzenweingütern der Region.
Vom stimmungsvollen Restaurant im Herrenhaus führt der Weg direkt in den angebauten modernen Hoteltrakt. Hier erwarten den Gast geräumige, helle Zimmer mit allem Komfort, dazu Schwimmbad, Sauna und Solarium zum Erholen und Relaxen. Das Dachgeschoss des Herrenhauses wurde zum Konferenzsaal für 120 Personen ausgebaut inklusive großer Terrasse mit reizvollem Moselblick. Immer beliebter werden die günstigen „Schnupperwochenende“ bzw. „Kulinarischen Wochenende“, zu denen das Haus rund ums Jahr einlädt. Dabei locken gleich drei Trümpfe: ein Hotel zum Wohlfühlen, eine Landschaft zum Verlieben und – last but not least – eine Feinschmeckerküche, die an jene berühmte Weinbergslage denken lässt, die sogar einer Moselland-Operette den Titel gab: das „Zeltinger Himmelreich“.

Brüstchen von der Bergtaube mit Gänsestopfleber auf Zimtnudeln in Curryschaum

Zutaten:

2 ganze Bergtauben
4 Scheiben Gänsestopfleber roh
15 g mildes Currypulver für Curryschaum
1/2 Apfel gewürfelt
1/2 Banane gewürfelt
50 g Mango gewürfelt
1 Messerspitze Knoblauch, gepresst
5 dl Hühnerbrühe
5 dl Sahne
Salz, Pfeffer
20 g Butter
30 g Schalotten gewürfelt
30 g Lauch gewürfelt

Zubereitung:

Butter aufschäumen, Lauch und Schalotten andünsten, mit Curry bestäuben, Früchte und Knoblauch dazugeben, kurz dünsten, mit Hühnerbrühe ablöschen und die Sahne dazugeben. 10 bis 15 Minuten sanft köcheln lassen. Gut durchmixen, mit Salz und Pfeffer abschmecken. Tauben mit Salz und Pfeffer würzen und ca. 20 Minuten bei 190° C im Backofen rosa braten. Gänseleber in der Pfanne ohne Fett braten, mit Salz und Pfeffer würzen.

Für die Zimtnudeln:

Glasnudeln 4 bis 5 Minuten in Salzwasser kochen, abschütten und in Butter braten, mit Zimt und Salz abschmecken.

Weingut Markus Molitor

Weingut Markus Molitor

Haus Klosterberg
54470 Bernkastel-Wehlen
Telefon 0 65 32-39 39
Telefax 0 65 32-42 25
E-Mail
weingut.markus.molitor@t-online.de
www.Wein-Markus-Molitor.de

Auf der gegenüberliegenden Moselseite von Zeltingen-Rachtig zieht die ehemalige Zisterzienser-Abtei Machern den Blick auf sich, beliebtes Ausflugsziel und stilvolle Kulisse für Konzerte und andere kulturelle Veranstaltungen. Oberhalb davon, etwas versteckt im Seitental, hat das größte private Weingut an der Mittelmosel seinen Sitz, das Anwesen von Markus und Verena Molitor. Das langgestreckte Gutsgebäude inmitten der Reben des „Wehlener Klosterberg" erinnert selbst ein wenig an ein Kloster. In seinem alten Felsenkeller lagert ein Sortiment feinster Riesling-Spezialitäten aus vielen Jahrgängen, darunter Beerenauslesen, Trockenbeerenauslesen und Eisweine – einige davon absolute Raritäten.

Schon in der achten Generation pflegt die Familie Weinbau. Doch erst seit Markus Molitor 1984 das Weingut übernahm, expandierte der Betrieb auf das Zwölffache der ursprünglichen Größe. Während andere Winzer Flächen abgaben, kaufte er weitere hinzu. Seine Trauben reifen in so berühmten Lagen wie Zeltinger und Wehlener Sonnenuhr, Zeltinger und Graacher Himmelreich, Graacher Domprobst, Bernkasteler Badstube und Ürziger Würzgarten – Namen, die Weinfreunden in aller Welt das Herz höher schlagen lassen. Mit seinen hervorragenden Steillagen, extrem später und selektiver Lese sowie viel Geduld und Akribie im Keller schob sich der junge Winzermeister zielstrebig in die Spitze der Weinerzeuger. Gault Millau zeichnete ihn 1999 als „Aufsteiger des Jahres" mit vier Trauben aus. Im Wirtschaftsmagazin „DM" rangiert er seit Jahren unter den 100 besten Weingütern Deutschlands und Gerhard Eichelmann zählt ihn mit nur 15 anderen deutschen Betrieben zur „Weltklasse". Im „Capital Weinkompass" rühmt ihn Mario

Scheuermann gar als „Aufsteiger des Jahrzehnts“.
Die vielen wurzelechten, bis zu 100 Jahre alten Rebstöcke in seinen Weinbergen bringen nur geringen Ertrag. Doch das passt zu Molitors Philosophie des „Weniger ist mehr“. Im Herbst wird das Traubengut (92 % davon Riesling) bis zu sechs mal per Hand selektiert, damit nur vollreife, gesunde Trauben für trockene und halbtrockene Weine sowie edelfaule für die edelsüßen Spezialitäten in die Kelter gelangen, ein Aufwand, der mit höchsten Qualitäten belohnt wird. Ohne Zusatz fremder Hefen und mit natürlicher Klärung erhält Molitor die ursprüngliche Vielfalt der Aromen. Abgefüllt wird relativ spät im Jahr, denn der erfahrene Winzer hält die langsame, kühle Gärung im Keller für Haltbarkeit und Individualität seiner Spitzenweine unverzichtbar.

Molitor bedauert ein wenig die heutige „auf Frische fixierte“ Zeit. Er hat ein Faible für die feineren, komplexeren Aromen älterer Jahrgänge, die zudem besonders bekömmlich sind. Seine Weinliste bietet eine so fantastische Auswahl daran, dass Haus Klosterberg als wahres Mekka für die Liebhaber reiferer Weine gilt. Auf alle trockenen Auslesen gibt der Winzer 20, auf die edelsüßen 30 Jahre Garantie. Am Tag der offenen Keller an Christi Himmelfahrt stehen im großen Probiersaal über 100 Weine zur Verkostung. Auch die Jahrgangs-Präsentation im September ist längst ein fester Termin für die Freunde hochkarätiger Weinqualitäten geworden.
Hausherrin Verena Molitor und Mutter Anneliese, die als gute Köchin geschätzt wird und früher ein Restaurant führte, bieten bei solchen Anlässen herzhafte Winzerteller mit im Weingut luftgetrocknetem Schinken, Hausmacher Wurst und Eifeler Bauernbrot. Nach Absprache begleitet auch ein kalt-warmes Büffet aus der Klosterberg-Küche die Weinproben.
Für das Guiness-Buch der Moselrekorde: Markus Molitor erntete als einziger seit 1988 in jedem Jahr mindestens eine Beerenauslese und Trockenbeerenauslese. Das Gleiche gelang ihm mit nur einer Ausnahme seit 1986 beim Eiswein. Doch nicht etwa das Wetter oder ein Kunstfehler verhagelte ihm 1997 die Serie. Die Wildschweine konnten der Versuchung der süßen Beeren einfach nicht widerstehen.

Hotel-Restaurant Moselschild

Sie stärkten die Besucher zunächst mit Schinkenbroten, dann auch mit ein paar einfachen warmen Gerichten. In den 50er Jahren wurde ein kleines Hotel daraus, weil so mancher nicht mehr ans Steuer wollte (oder konnte). Der Betrieb begann zu blühen. Kurt Schild, gelernter Küfer und Kellermeister, und seine Ehefrau Edeltraud, die „gute Seele" des Hauses, übernahmen das Hotel 1962 und boten gutbürgerliche Küche. Erst als Sohn Harald etwa zwei Jahrzehnte später als versierter Koch von der letzten Station seiner Ausbildung, dem Bonner „Steigenberger", an die Mosel zurückkam, entwickelte sich das Restaurant Moselschild nach und nach zur gefragten Feinschmeckeradresse.
Jeder Restaurantführer einschließlich Michelin honoriert inzwischen das kulinarische Angebot und räumt ihm einen festen Platz in den Empfehlungen ein. Die Küche ist eine Reise wert und verdient einen Umweg – auch wegen der bezaubernden Landschaft rund um das berühmte Ürzig, einem

Weingut und
Hotel-Restaurant
Moselschild

Moselufer 14
54539 Ürzig
Telefon 0 65 32-9 39 30
Telefax 0 65 32-93 93 93
E-Mail hotel@moselschild.de
www.moselschild.de

Geöffnet: ganzjährig

Weinproben machen Appetit, und wenn man sie ausgiebig betreibt auch irgendwann müde und schläfrig. So kam eins zum andern. Die Eltern von Kurt Schild betrieben nach dem Krieg ein Weinkommissionsgeschäft.

der ältesten Orte an der Mosel, etwa auf halbem Weg zwischen Bernkastel-Kues und Traben-Trarbach. Das attraktive Anwesen der Familie Schild an der Moselpromenade ist Mitglied der Ringhotel-Gruppe, Häuser, die sich durch gepflegte Gastlichkeit, erstklassige Küche und besonders schöne Lage auszeichnen. Die Weine des hauseigenen Gutes wachsen in jenen großartigen Steillagen wie „Ürziger Würzgarten", „Erdener Prälat" und „Erdener Treppchen". Daneben hält die umfangreiche Weinkarte mehrere hundert andere ausgewählte Kreszenzen bereit. So findet sich immer der passende Tropfen zu den Gaumenfreuden, die das Küchenteam aus dem Besten der Region zubereitet. Auf der großen Terrasse mit weitem Blick auf die Moselschleife bleibt im Sommer kaum ein Plätzchen frei. Ebenso einladend wirkt das gediegen ausgestattete Restaurant, mit viel Sorgfalt geschmückt und so aufwendig eingedeckt, als gelte es immer etwas Besonderes zu feiern. Zum Beispiel die im ganzen gebratene, zartsaftige Barberie-Ente, einem der Top-Klassiker auf der Speisekarte, für die viele der Stammgäste eigens anreisen.

Lachs und Zander im Blätterteig

Zutaten:

Für die Farce:

200 g Zanderfilet, 1/2 Eiweiß, 150 ml Sahne, 20 ml Weißwein, Schnittlauch, Salz, Pfeffer

Blätterteig-Päckchen:

400 g Zanderfilet, 400 g Lachsfilet 1 Paket Blätterteig 800 g (8 Platten 20 x 20 cm), 4 Mangold-Blätter, Saft von 1 Zitrone, 2 Eigelb

Schmorgemüse:

2 Salatgurken, 2 Schalotten, 1 Bund Dill, 2 EL Olivenöl

Sauce:

2-3 Schalotten, 2 EL Butterschmalz 100 ml Fischfond, 100 ml Sahne 200 ml Weißwein, 100 g kalte Butter 2 abgezogene Tomaten in Würfel

Zubereitung:

Für die Farce alle Zutaten im Blitzhacker pürieren, kalt stellen.
Fischfilets mit Zitronensaft beträufeln, salzen, pfeffern.
Mangold-Blatt kurz blanchieren, Zanderfilet darauf legen, 1 cm dick mit Farce bestreichen, mit Lachsfilet bedecken und alles im Blatt einwickeln.
Blätterteig-Platte am Rand mit Eigelb bestreichen, Fisch darauf setzen, zweite Platte darüber legen und Ränder zusammendrücken. Mit restlichem Eigelb bestreichen und bei 180° C ca. 25 Minuten backen.
Gurken und Schalotten ca. 5 Min. in Olivenöl schmoren, salzen, pfeffern, Dill unterheben.
Für die Sauce Schalotten glasig dünsten, mit Fischfond, Sahne, Weißwein ablöschen, reduzieren, Butter zugeben, mit dem Mixer aufschäumen und mit Salz und Pfeffer abschmecken.

Der Wein und die Reben

„Des Moselweines Fülle, Güte, Zuträglichkeit, Kraft ist niemand unbekannt; er macht fröhliche, am anderen Tag wohltätige, Brust und Kopf nicht beschwerende Räuschgen", so die Erfahrung eines Trierer Weihbischofs aus neuerer Zeit. In früheren Jahrhunderten wachte man am Morgen „danach" nicht immer so frisch auf, denn in erster Linie wurde Menge produziert, nicht Qualität. Fürstbischof Clemens Wenzeslaus, der Ende des 18. Jh. als letzter in der Domstadt residierte und selbst rund eine Million Rebstöcke besaß, ärgerte sich oft über die miserablen Weine, welche seine Bauern als „Zehnten" ablieferten. Und so verfügte er weise und weitsichtig anno 1787, dass „keine minderen Trauben mehr, nur noch die beste Sorte" – sprich Riesling – angebaut werde. Es war die Fanfare zum Siegeszug „des" Mosel – als frisch-fruchtiger, filigran-eleganter und bekömmlicher Klassiker, wie ihn die Kenner lieben.

Auch heute noch prägt der Riesling mit über 50 % das Moseltal, denn hier findet er sein ideales „Terroir", das optimale Zusammenspiel von Mikroklima und Boden. Die Flusswindungen schützen vor kalten Winden, die Steilhänge speichern Sonnenwärme bis ins Spätjahr, und der mineralische Schiefer gibt ihm sein unverwechselbares Bukett. Hinzu kommen mildes Klima und genügend Feuchtigkeit mit Herbstnebeln, welche die späte Reife der Trauben begünstigen. In den flacheren Lagen, wo der Boden tiefer gründet, fühlt sich der mildere, feinfruchtige Rivaner (Müller-Thurgau) wohl, der etwa 20 % der Flächen einnimmt. Eine Spezialität der Mosel ist der Elbling (von „vinum album = Weißwein), den schon die Römer gern tranken. Der kräftige, säurebetonte „Zechwein" gedeiht besonders gut auf den Muschelkalkböden der oberen Mosel, findet sich aber auch in kleineren Mengen zwischen Zell und Cochem. Gute Rotweine muss man an der Mosel suchen. Ihr Anbau, der erst 1986 wieder erlaubt wurde, verlangt nicht nur viel Erfahrung, sondern auch eine besondere Kellerausstattung. Der Anteil wächst zwar, ist aber mit vier Prozent noch sehr gering.

Die Region Mosel-Saar-Ruwer ist das viertgrößte Weinbaugebiet in Deutschland und das größte geschlossene Rieslinganbaugebiet weltweit mit über 500 Einzellagen und mehr als 6.300 Weinerzeugern, viele im traditionellen Familienbetrieb. Fast ein Viertel der Weine geht in den Export, nicht nur

zu den europäischen Nachbarn, sondern auch nach Übersee. Besonders Japan und die USA schätzen sowohl die trockenen wie die edelsüßen Weine aus den Steillagen von Mosel, Saar und Ruwer. Sie sind es vor allem, die bei den internationalen Verkostungen Traumnoten erreichen und den Weltruhm des Mosel begründen. 17 von 48 Betrieben, die der Gault Millau 2002 zu den besten Weinerzeugern in Deutschland zählt, kommen aus diesem Anbaugebiet, vier davon platziert er sogar bei den Weltbesten. Doch die Bewirtschaftung der steilen Wingerte ist mühsam. Seit Jahrhunderten werden die empfindlichen Reben fast ausschließlich in Handarbeit gepflegt. Bis zu zwanzig mal im Jahr geht der Winzer um jeden Stock, gräbt, lockert, düngt, entkrautet, pfählt, schneidet, bindet und kämpft gegen Schädlinge aller Art. Lediglich die Einschienenbahnen für den Transport von Geräten und Materialien, die sich wie silberne Schlangen über die Hänge winden, bringen eine gewisse Erleichterung. Wen wundert's da, dass viele junge Moselaner der Knochenarbeit im Weinberg einen gut bezahlten Job vorziehen. Zudem lassen sich viele Parzellen beim derzeitigen Preisniveau für Weine durchschnittlicher Qualität nicht mehr wirtschaftlich bearbeiten. Die Brachflächen an der Mosel nehmen zu.
Dennoch ist es gerade eine junge, gut ausgebildete Generation von Winzern, die heute einen klaren, positiven Trend vorgibt: hin zu Spitzengewächsen, die im internationalen Vergleich hervorragend dastehen und auch entsprechend gute Preise erzielen. Diese nachwachsende Riege macht sich die Erfahrungen und Kenntnisse der Staatlichen Weinbauschulen und Musteranlagen zunutze und informiert sich darüber hinaus bei renommierten Weingütern außerhalb der heimischen Region. Kurzum, man guckt über den Tellerrand, ist aufgeschlossen, neugierig und innovativ. Das betrifft große, traditionsreiche Güter, aber auch kleine Familienbetriebe, die heute mit großem Engagement und günstigem Preis-Leistungs-Verhältnis exzellente Weine produzieren. Ihr Erfolgsrezept: Spitzenqualität durch konsequente Nutzung der einzigartigen Lagevorteile, niedrige Erträge und perfekte Kellerkunst. Wenn diese Rechnung aufgeht, schlägt der Mosel alle anderen Weißweine der Welt, wie internationale Einschätzungen immer wieder bestätigen.

Weingut Meulenhof

Weingut Meulenhof

Zur Kapelle 8
54492 Erden
Telefon 0 65 32-22 67
Telefax 0 65 32-15 52
E-Mail meulenhof@web.de
www.bernkasteler-ring.com

Welches ist das älteste Dorf der Welt? Bibelfeste wissen es. „Im Anfang schuf Gott Himmel und Erden". Dieser Scherz hat schon manchen Besucher der weinverwöhnten Moselschleife zum Schmunzeln gebracht, und je länger man im historischen Meulenhof einem „Erdener Treppchen" oder gar „Erdener Prälat" zuspricht, um so mehr fühlt man sich in jenen paradiesischen Zustand zurückversetzt, der einst der Schöpfung folgte.
„Ein außergewöhnlicher Wein muss aus einer außergewöhnlichen Weinbergslage stammen", schrieb der bekannte Weinexperte Stuart Pigott und zählt den „Prälaten" mit seinen nur 1,6 Hektar zu den kleinsten und feinsten Lagen an der Mosel. Exakt nach Süden gerichtet, vor Wind und Kälte geschützt in einer Mulde zwischen riesigen Felsen aus rotem Schiefer klimmt er steil über dem Fluss in die Höhe. In diesem besonderen Kleinklima blühen die Reben früher als sonst an der Mittelmosel, reifen länger und reichern sich deshalb besonders intensiv mit fruchtiger Süße und Mineralstoffen an. Beste Voraussetzungen für einen naturbelassenen Ausbau zu aromenreichen Gewächsen mit besonders feingliedriger Struktur, wie sich die Weine des Meulenhofs präsentieren. Am Fuße von „Prälat" und „Treppchen" künden zwei der ältesten römischen Kelteranlagen nördlich

der Alpen vom Weinverstand der Eroberer, die dieses Terroir früh zu schätzen wussten. Eine der beiden Anlagen stammt aus der Zeit um 150 n. Chr. und dürfte das älteste sichere Zeugnis vom Weinbau an der Mosel sein.
Vierzehn Abteien waren ehemals in Erden begütert, dazu acht Herren von weltlichem Adel mit ihren Höfen. Einer davon ist der Meulenhof. Er taucht 1337 erstmals aus dem Dunkel der Geschichte auf und wird in einer Urkunde erwähnt, die seine Verpfändung an Ritter Konrad von Lösenich durch Gräfin Loretta und Graf Johann von Sponheim festhält. Ab 1477 findet er sich über Jahrhunderte als Frucht- und Mühlenhof im Besitz des reichen Zisterzienserklosters Machern, das ein Stück moselaufwärts auf der linken Flussseite liegt. Wie fast alle kirchlichen Güter gelangte der Hof unter Napoleon in bürgerliche Hände und wurde von Generation zu Generation innerhalb der Familie weitergegeben, zuletzt 1990 an Stefan Justen.
Neben „Prälat“ und „Treppchen“ liegen in

seinem Keller auch Weine aus der renommierten Lage „Wehlener Sonnenuhr“, sowohl im Fuder-Holzfass als auch im Edelstahl ausgebaut. Seit Jahren finden die

Weine des Meulenhofs international Beachtung. Stuart Pigott und Robert Parker z. B. reihen ihn unter die besten Riesling-Weingüter der Region. Doch Stefan Justen ist nicht nur ein hervorragender Winzer, er destilliert auch vorzügliche Obstbrände. Daneben engagiert sich der Hobby-Weinhistoriker innerhalb eines Vereins für die Erhaltung der römischen Keltern, die Erden – wenn schon nicht zum ältesten Dorf der Welt – so doch zu einem der ersten Weinorte der Mosel machen.
Der Meulenhof gehört seit über hundert Jahren dem „Bernkasteler Ring“ an, einer 1899 von qualitätsorientierten Weingutsbesitzern gegründeten Vereinigung mit dem Ziel, nur „selbstgezogene und selbstgekelterte naturreine Weine zur Versteigerung zu bringen“.
Wenn alljährlich im September in Bernkastel-Kues die besten Riesling-Kreszenzen unter den Hammer und an Weinliebhaber in der ganzen Welt kommen, sind die trockenen oder edelsüßen Prädikatsweine des Hofes immer dabei. Justen schätzt als Weinkenner übrigens gereifte, milde Weine zum Essen, weil sie den Eigencharakter der Speisen unterstreichen.

Staffelter Hof

Staffelter Hof

Robert-Schuman-Straße 208
54536 Kröv
Telefon 0 65 41-37 08
Telefax 0 65 41-39 33
E-Mail staffelter-hof@t-online.de
www.staffelter-hof.de

„Anno 862 von Kaiser Lothar II. dem Kloster Stavelot übereignet des Mangels an Weines wegen" – so begrüßt uns die alte Tür-Inschrift am Haupthaus des Staffelter Hofs. Wir sind sicher, diesem Notstand der reichsfreien Abtei Stavelot, die dem Hof seinen Namen gab, ist vor über tausend Jahren auf die angenehmste Weise abgeholfen worden. Die Lagen in Kröv, auf denen die Familie seit Generationen Reben anbaut, verhalfen dem Weingut schon im Mittelalter zu hoher Blüte und genießen noch heute einen guten Ruf. Die Abtei verlor ihre geschätzte Wein-Quelle, als Napoleon sämtliche Kirchengüter auflöste und säkularisierte. Der letzte Hofmann des Klosters, ein einheimischer Winzer, packte die Gelegenheit am Schopf, erwarb das Weingut von der napoleonischen Besatzung und wirtschaftete fortan als freier Winzer. Seit jener Zeit blieb der Staffelter Hof im Familienbesitz, gewann hervorragende Lagen in Dhron dazu und überzeugt seit langem mit seinen klaren, fruchtigen und finessenreichen Weinen. Sie gewannen zahlreiche Kammerpreise in Gold, Silber und Bronze und stellten kürzlich den Sieger in zwei von dreizehn Selektionsgruppen der Qualitätsvereinigung Vinum C.O.S. Aus dem Kloster Stavelot hat sich übrigens eine kleine Stadt in Belgien entwickelt, mit der heute enge freundschaftliche Beziehungen

gepflegt werden – auch, aber nicht nur des Weines wegen.
Winzermeister Gerd Klein verbindet die Pflege von bewährten Traditionen mit der Aufgeschlossenheit für die moderne Weinforschung. Gegen den Zeitgeist begann er schon 1972 mit dem Ausbau trockener Rieslinge und war damit einer der ersten an der Mosel. Heute machen sie das Gros aus in seinem Sortiment, das bis zu Eiswein und Trockenbeerenauslese reicht. Großer Beliebtheit, insbesondere bei den belgischen Gästen, erfreuen sich auch die trockenen Rotweine des Staffelter Hofs, denen zum Teil das Barrique einen feinen Vanilleduft verleiht. Oberste Richtschnur für die Familie Klein: so wenig Eingriffe wie unbedingt nötig und so viel Weincharakter durch Rebsorte, Lage und Jahrgang wie möglich. Ein großer Teil der heranwachsenden Trauben wird herausgeschnitten, damit die verbleibenden um so gehaltvoller reifen. Stolz ist der Hausherr auch auf seine zweite Domäne, die Brennerei. Aromatische Obstbrände sowie moseltypische Trester-

und Hefebrände, im Holzfass gereift, zählen zu seinen Spezialitäten.
Das verlängerte Wochenende zu Christi Himmelfahrt streichen sich viele Stammkunden alljährlich im Kalender rot an. Dann verwandelt sich der oleandergeschmückte Winzerhof mit dem 300 Jahre alten barocken Haupthaus und dem urigen Gewölbekeller zur gemütlichen Kulisse für das traditionelle Hoffest mit den Spezialitäten aus Küche und Keller, Live-Musik, Theater sowie unterhaltsamen Lesungen zu Geschichte und Wein. Gundi Klein schwingt fantasievoll den Kochlöffel, würzt kräftig mit Wein und Trester und verbreitet allein schon durch ihr fröhliches Temperament Stimmung und gute Laune. Und damit die Gäste unbeschwert schlemmern und schlummern können, hält die Familie Klein vier großzügige, sehr wohnlich und geschmackvoll eingerichtete Ferienwohnungen sowie einige hübsche Zimmer mit Blick auf die Weinberge bereit. Beste Voraussetzungen also, um es sich in herzlicher Gastlichkeit und einer fast südlich-heiteren Atmosphäre so recht wohl sein zu lassen.

Waldhotel Sonnora

Drei Michelin-Sterne strahlen über dem Waldhotel und verleihen ihm einen Glanz, der in der ganzen Welt kaum drei Dutzend Restaurants umgibt. Das Sonnora zählt zur absoluten Spitzenklasse internationaler Kochkunst und ist seit Jahren ein Magnet für anspruchsvolle Genießer. Selbst aus Übersee fliegen Gourmets nach Deutschland, nur um einmal bei Helmut Thieltges Gast zu sein. Zwölf ausgebildete Köche zaubern für nur 35 Plätze, die Abend für Abend ausgebucht sind. Hier wird nicht nur gegessen, gespeist oder getafelt. Hier erlebt man ein Fest der Sinne, eine kulinarische Offenbarung. Jeder Gang des Menüs genial komponiert, virtuos zubereitet und wie ein ästhetisches Kunstwerk serviert. Neben den raffinierten Kreationen der Küche verwöhnt ein unaufdringlicher, perfekter Service, den Hausherrin Ulrike Thieltges umsichtig dirigiert. Sie sieht die Wünsche der Gäste am liebsten erfüllt, noch bevor sie ausgesprochen sind.

Helmut Thieltges, weit oben im Küchen-Olymp schwebend, verlor dennoch nie die Bodenhaftung. Er wirkt im Gespräch erfrischend direkt und unprätentiös. Seine Eltern führten in Dreis eine kleine Familienpension, und so wurde ihm die Gastronomie mit in die Wiege gelegt. Die Mutter kochte jeden Tag: Rinderrouladen, Gulasch, Rotkohl, selbstgemachte Kartoffelklöße – herzhafte Kost, doch alles vorzüglich zubereitet. „Sie war eine hervorragende Köchin“, lobt der Spitzenkoch, der davon überzeugt ist, dass der Geschmack an gutem Essen früh trainiert werden muss. „Später lernt man

Waldhotel Sonnora

54518 Dreis bei Wittlich
Telefon 0 65 78 - 4 06
Telefax 0 65 78 - 14 02
E-Mail info@hotel-sonnora.de
www.hotel-sonnora.de

Ruhetage:
Montag und Dienstag

das nicht mehr". Bereits mit 14 Jahren interessierte er sich für Hotelprospekte und Restaurantbeschreibungen und machte sich früh klar, dass man „zum Schmidt und nicht zum Schmidtchen" müsse, um zu lernen. Nach Lehrjahren in Düsseldorf, der Schweiz und Frankreich kehrte er in die Heimat zurück, wo die Eltern mit viel Mut 1978 am Ortsrand von Dreis mitten in der idyllischen Eifel das Waldhotel bauten, dem später das Gourmet-Restaurant folgte. „Hier lag alles brach. Wir haben die Straße angelegt und jeden Tannenbaum gepflanzt," erzählt Thieltges. Bereits 1982 ging über dem Haus der erste Stern auf. „Über den habe ich mich fast mehr gefreut als über den dritten", so der Meister, der anfangs wenig an Auszeichnungen dachte, immer aber um höchstmöglichen Standard bemüht war. Was zeichnet einen guten Koch aus? „Ehrgeiz und viel Fleiß und – um in die Spitze zu kommen - natürlich der Geschmack", meint der Chef de Cuisine augenzwinkernd. Basis seiner unvergleichlich

delikaten Kreationen ist die französische Küche, „modern interpretiert". Auf Dogmen in Komposition und Reihenfolge der Speisen verzichtet er gern, nie jedoch auf höchste Qualität im kleinsten Detail – das „Geheimrezept" zu seinem Erfolg. Heimatverbunden zeigt sich Thieltges auch mit seiner wohlsortierten Weinkarte: Bei den deutschen Weißweinen dominieren – wie könnte es anders sein – die Riesling-Spitzengewächse von der Mosel.

Dreis

Gebratenes Rotbarbenfilet auf marinierten Gartenkräutern

Zutaten:

Je 1 kl. Bund Basilikum, Kerbel, Estragon, 1 Dillzweig
2 EL blanchierte Gemüsebrunoise aus roter und gelber Paprika, Möhren, Zucchini
1 Chicorée
4 EL Tomatenconcassée
Croutons von 1 Scheibe Weißbrot
4 bretonische Rotbarbenfilets

Vinaigrette:

35 ml Weißweinessig
100 ml weißer Portwein
65 ml Brühe
100 ml neutrales Öl
100 ml Olivenöl
65 ml Walnussöl
½ EL Zucker, ½ EL Salz
1 Schalotte, 1 Lorbeerblatt
1 Thymianzweig
einige Pfefferkörner, Wacholderbeeren, Koriander

Zubereitung:

Zutaten für die Vinaigrette gründlich verrühren, über Nacht stehen lassen, passieren, abschmecken.
Kräuter, Frisée, Radicchio und Chicorée waschen, trocknen. Basilikum und Estragon in Streifen schneiden, Kerbel in Blättchen zupfen, vom Dill die Spitzen nehmen. (Basilikum, Estragon, Kerbel in gleicher Menge, Dill etwas weniger). Kräuter auf die Teller verteilen, etwas Frisée und Radicchio dazu, die Gemüsebrunoise darüber streuen, Chicoréespitzen mit der Vinaigrette marinieren und dekorativ anlegen. Gewürzte Rotbarbenfilets in Öl und Butter braten, das Tomatenconcassée mit Basilikum mischen, mit Salz, Pfeffer, Zucker abschmecken. Kräuter marinieren, Rotbarbenfilet darauf anrichten, Concassée dazu geben und Croutons darüber streuen.

Moselschleife bei Piesport

Romantik Jugendstilhotel Bellevue

Romantik Jugendstilhotel Bellevue

Am Moselufer
56841 Traben-Trarbach
Telefon 0 65 41-70 30
Telefax 0 65 41-70 34 00
E-Mail bellevue@net-art.de
www.bellevue-hotel.de

Geöffnet:
Restaurant und Hotel ganzjährig

Das Romantik Jugendstilhotel Bellevue darf sich rühmen, einzigartig zu sein – nicht nur an der Mosel, sondern im ganzen Land. Das gesamte Vier-Sterne-Hotel präsentiert sich als kunstvolle Einheit von Bauwerk, Dekor und Einrichtung - von der reizvollen Fassade mit dem Erkertürmchen und stilisierten Ornamenten über die dekorativgeschwungenen farbigen Glasfenster und die warme Holzvertäfelung im Innern bis zum handgeschmiedeten Kupfer-Kamin und den Leuchtern aus Kaiserzinn in Originalformen. Genau so hatte es die Stilepoche um 1900 postuliert: Architektur und Interieur als ganzheitliche Gestaltung. Doch die Zeit bleibt nicht stehen. Und so vereint das gepflegte Haus heute das unnachahmliche Flair der „Belle-Epoque“ mit zeitgemäßem Luxus, zu dem nicht nur komfortable Wellness-, Sport- und Freizeitangebote, sondern auch eine komplette Beautyfarm gehören.

Als Richard Feist 1903 das Schlösschen nach Plänen des bekannten Berliner Jugendstilarchitekten Bruno Möhring in traumhaft schöner Lage direkt am Fluss und der Moselpromenade erbaute, war Traben-Trarbach nach Bordeaux der zweitgrößte Weinhandelsplatz Europas und ein beliebtes Urlaubsziel für die preußische Hautevolee. Das Hotel „Clauss-Feist“ zählte zu einer der ersten Adressen an der Mosel. Prominente Zeitgenossen wie Freiherr von Richthofen, Baron von Thyssen und Heinz Rühmann gingen hier ein und aus und genossen das anspruchsvolle Ambiente.

Blick auf die Mosel. Küchenmeister Thomas Baldy wartet nicht nur mit exzellenten bodenständigen Gerichten auf, sondern auch mit Kreationen, die an mediterrane Tafelfreuden erinnern: Hausgemachte Kaninchengalantine, Schaumsüppchen von Kohlrabi mit Flusskrebsschwänzen, geschmorte Ochsenbäckchen oder kross gebratener Loup de Mer auf getrüffeltem Graupenrisotto, als süßen Abschluss vielleicht Mangocreme im Baumkuchenmantel. Den Service des eingespielten Teams steuert mit Schwung und Elan Rebecca Stein. Die wohlsortierte internationale Weinkarte - natürlich mit einer großen Auswahl bester Moselgewächse – betreut Markus del Monego, Weltmeister der Sommeliers 1998. In der ruhigeren Jahreszeit veranstaltet das Bellevue regelmäßig weinkulinarische Events rund um die Themen Kunst, Wein und Speisen – in dieser stilvollen Atmosphäre immer ein besonderer Genuss.

In den letzten beiden Jahrzehnten wurde das Haus aufwendig restauriert und erweitert, seit 1992 unter der persönlichen Leitung von Gastgeber Matthias Ganter. Mit großem Engagement und Erfolg verstand es der international erfahrene Hotelkaufmann und gelernte Koch, diesem Kleinod der Hotellerie wieder seinen alten Glanz zu verleihen. Die 60 eleganten Suiten und Hotelzimmer, ergänzt mit geräumigen Ferienwohnungen in Dependancen, sind mit individuellem, wohnlichem Komfort und zum Teil originalen Jugendstilmöbeln eingerichtet. Eine Atmosphäre, die beschwingt und bezaubert, umgibt die Gäste im Restaurant „Clauss-Feist" mit herrlichem

Gefüllter Ochsenschwanz in Burgundersauce

Zutaten:

1,5 kg Ochsenschwanz in Stücken
Salz, grober Pfeffer
je 200 g Möhren und Lauch
2 mittelgroße Zwiebeln
1 Knoblauchzehe
1 Zweig Thymian, 1 Lorbeerblatt
2 EL Tomatenmark
0,5 l Rotwein
1 l Fleischbrühe
1 Schweinenetz
je 2 EL Butterschmalz und Öl

Füllung:

4 altbackene Brötchen
100 ml Vollmilch
150 g Champignons
60 g Butter
20 g gewürfelter Speck
1 gewürfelte Zwiebel
1 Ei
1 EL gehackte Petersilie
Salz, Pfeffer aus der Mühle

Zubereitung:

Brötchen klein schneiden, heiße Milch darüber geben, zerkleinerte Pilze mit Speck und Zwiebel in Butter andünsten, würzen und abkühlen, Ei und Petersilie dazugeben, abschmecken und pro Ochsenschwanzstück einen ca. 60 g schweren Knödel formen. Ochsenschwanz salzen, pfeffern und in Öl scharf anbraten, Gemüse, Zwiebel, Knoblauch, Kräuter und Tomatenmark dazu, mit Rotwein ablöschen, Fleischbrühe zugeben und bei geringer Hitze ca. 1 $^{1}/_{2}$ Stunden schmoren. Sauce durch ein Sieb gießen. Fleisch von den Knochen lösen, um die Knödel legen, fest andrücken, dünn in etwas Schweinenetz einrollen und in Butter rundherum anbraten. Sauce zufügen und ca. 15 Min. köcheln. Mit knackig gegartem Gemüse anrichten.

Weingut Conrad-Bartz

Weingut Conrad-Bartz

Wolferweg 41
56841 Traben-Trarbach
Telefon 0 65 41-68 17
Telefax 0 65 41-33 69
E-Mail gcon@net-art.de

Zur Zeit des Dämmerschoppens sitzt es sich in der mit warmem Holz stilvoll eingerichteten Probierstube des Weinguts Conrad-Bartz besonders gemütlich. Durch die Fenster blickt man auf die ruhig dahinfließende Mosel und die schönen Jugendstilvillen, die auf der gegenüberliegenden Seite die lange Uferpromenade der alten Weinhandelsmetropole schmücken. Alles hier atmet Wein. Er brachte der Stadt Wohlstand, bestimmt ihren Jahresrhythmus und die Geschicke der Menschen, die hier verwurzelt sind.

In der Familie Conrad-Bartz lässt sich die Weinbautradition bis ins Jahr 1776 zurückverfolgen. Sie steht wie viele andere beispielhaft für den hohen persönlichen Einsatz und die tiefe Verbundenheit mit dem Wein, die seine Kultur erst möglich machen. Klein aber fein, so das Motto der Familie. Das beginnt beim reduzierten Rebschnitt und führt über die selektive Lese. „Masse hat jeder. Wir wollen gute Qualität machen", so Winzermeister Christian Conrad zu seiner „Wein-Philosophie", auf die sich seine Stammkunden verlassen. Drei Viertel seiner Rieslingweine, ausschließlich aus Steillagen wie Wolfer Goldgrube, Trarbacher Taubenhaus, Kräuterhaus oder Schlossberg, werden trocken und halbtrocken ausgebaut. Robert M. Parker reihte das oft prämierte Weingut in seinem „Wine Guide" unter die 100 besten Weingüter Deutschlands ein. Eines der Gewächse brachte es dabei sogar auf beachtliche 97 von 100 Punkten.

Drei Generationen leben und arbeiten hier unter einem Dach und geben ihr Bestes aus

Küche und Keller für die Besucher. Ohne die tatkräftige Hilfe der Frauen wäre all dies nicht möglich. Wie seit Jahrhunderten kümmern sie sich nicht nur um Küche und Kinder, sondern stehen ebenso im Wingert oder bei der Gästebetreuung ihren „Mann". In den vier Ferienwohnungen logieren auch Kunden aus den USA, so erzählt man uns, besonders gern zur Zeit der Weinlese. Sie schätzen nicht nur den guten Mosel samt Familienanschluss, sondern auch Spezialitäten wie „Schlappekappes", die herzhafte „Suppe der Weinleser" und das köstlich-frische „Herbstbrot", das nur zu dieser Zeit gebacken wird und die fleißigen Erntehelfer bei Kräften hält. Auch beim „Tag der offenen Keller" – in Traben-Trarbach jeweils an Christi Himmelfahrt - lassen sich die Küchengeister immer wieder was Neues einfallen, um dem Riesling die passenden Begleiter zu geben. „Gräwes" mit Kassler etwa, das Nationalgericht der Moselaner aus gestampften Kartoffeln und Sauerkraut, gefüllte Klöße oder zarter Wildschweinschinken.

Senior Gerhard Conrad holte schon 1964 in Koblenz erste Prämierungen. „Da wurde man noch feierlich auf die Bühne geholt", erinnert er sich. Überhaupt hat sich viel geändert in den letzten Jahrzehnten: die Preise, die Kosten, die Rebsorten – alles nicht unbedingt zum Vorteil. Im Weingut Conrad-Bartz macht der Riesling 90 Prozent aus und dabei wird es wohl auch bleiben. Gute Ausbildung und die Erfahrung der Alten, Tradition und moderne Technik, seien die ideale Verbindung, meinen beide. Doch wenn man ihnen zuhört, merkt man schnell, dass es nicht nur um Zahlen und Gewinn geht in diesem Beruf. „Man muss mit dem Produkt reden können", so drückt es Gerhard Conrad aus. Und je mehr man über diesen Satz nachdenkt, um so schöner wird er: der Wein als etwas Lebendiges, Persönliches, Vertrautes. Etwas, das man formen und beeinflussen kann. Fast schon ein Geschöpf mit Seele ...

Alte Zunftscheune

Alte Zunftscheune

Neue Rathausstrasse
56841 Traben-Trarbach
Telefon 0 65 41-97 37
Telefax 0 65 41-97 37
E-Mail info@zunftscheune.de
www.zunftscheune.de

Ruhetag: Montag

Mitten im Ortsteil Traben neben dem mächtigen, grauen Bruchsteinbau des Rathauses entdecken wir ein Schatzkästchen besonderer Art. Hier darf man den Satz „Das Auge isst mit" ganz wörtlich nehmen. Denn während der Magen sich an den moselländischen Spezialitäten der Küche labt, findet man kein Ende beim Gucken und Staunen. Was die Familie Niedersberg über Jahre mit wahrer Leidenschaft aus Hunsrück, Eifel und dem Moseltal zusammengetragen und in der urgemütlichen „Alten Zunftscheune" eingebaut, aufgehängt und ausgestellt hat, übertrifft an Raritäten so manches Museum – ohne selbst museal zu wirken. Denn dieses Panoptikum gelebter Geschichte verwandelt sich täglich ab 17 Uhr in einen Ort fröhlicher Geselligkeit mit echtem Gaumen- und Augenschmaus. Jung und Alt tafeln an blankgescheuerten Holztischen, überstrahlt von warmem Kerzenlicht und umgeben von den Zeugnissen vieler Generationen. Und da man unmöglich an einem Abend alles

aufnehmen kann, „rotieren“ die Gäste gern. Sitzen heute auf der ehrwürdigen Kirchenbank in der alten Destille, morgen neben der schönen Holztreppe aus dem 17. Jh. auf der Empore und übermorgen vielleicht im historischen Kellergewölbe mit dem acht Meter tiefen Hausbrunnen und dem schön geschnitzten Fassboden von 1811 – einem Lieblingsjahrgang Goethes.
Der Name „Alte Zunftscheune“ soll an die alten Zünfte erinnern, die hier mit ihrem traditionellen Handwerkszeug wieder zu Ehren kommen. Bevor Christa und Gerold Niedersberg mit ihrem ältesten Sohn Jochen 1995 ihr „Erlebnis-Restaurant“ eröffneten, hatte die Familie 25 Jahre eine Metzgerei geführt, der zuletzt auch ein Party-Service angegliedert war. Als beides irgendwann zuviel wurde, machte man das Hobby endgültig zum Beruf und bereicherte die Stadt um eine Attraktion, die immer mehr Gäste lockt. Im Sommer (dann wird am Wochenende und an Feiertagen auch mittags von 11 – 15 Uhr geöffnet) stehen die Tische nicht nur drin, sondern auch im romantischen Scheunen-Gärtchen und auf der Straße, und doch reichen die Plätze oft kaum aus.

Das liegt natürlich auch an der Küche, die für jeden Appetit und Geldbeutel Leckereien bietet. Hausmacher-Würste und Sülzen werden noch selbst gemacht, das Fleisch kommt aus dem Hunsrück. Da 90 Prozent davon über die Grillplatte gehen, muss die Qualität stimmen. Echte Renner sind die „Scheunen“- und „Metzger-Pfännchen“. Ebenso abwechslungsreich finden sich die Salate auf der Karte, die nebst Suppen, Saucen und Gemüse mit viel Fantasie und täglich frisch zubereitet werden. Köstlich auch die „dollen Knollen“, gefüllte Kartoffeln, denen Gemüse, Lachs, Krabben, Kräuterquark oder Käse Duft und Würze verleihen. Dazu die Weine der Region und hinterher ein Moselschnäpschen – Herz, was willst du mehr. Ein weiches Himmelbett vielleicht? Die Hausherrin hat mit ihrer Liebe zum Detail und zur Historie auch vier hübsche, komfortable Ferienappartements eingerichtet, in denen man nicht weit von der Zunftscheune herrlich ausschlafen kann.

SCHEUNEN-PFÄNNCHEN

Für ein Pfännchen:

Zutaten:

200 g frische Champignons
1 kleine Zwiebel
etwas Sahne
4 EL Hollandaise
trockener Riesling
Salz, Pfeffer
Gekörnte Brühe
200 g Schweinefilet
geraspelter Gouda

Zubereitung:

Zwiebelwürfel in Butterschmalz anschwitzen, Champignons vierteln und mit dünsten, salzen und pfeffern, etwas Sahne und Hollandaise hinzufügen und mit einem Schuss Riesling abrunden. Schweinefilet etwa 1 cm dick in Scheiben schneiden, rosa anbraten, ins Pfännchen geben, Champignonsoße darüber und mit Käse überbacken. Dazu passen Spätzle, frischer Salat und natürlich der gleiche trockene Mosel-Riesling, der schon der Soße den „Pfiff“ gab.

Blick auf das Trabener Ufer

Weingut Friedrich Storck

WeinGut Friedrich Storck

Grabenstrasse 16
56841 Traben-Trarbach
Telefon 0 65 41-61 20
Telefax 0 65 41-99 85
E-Mail weingut@echt-storck.de
www.echt-storck.de

„Sanfte Vinifikation" nennen Peter Storck und seine Frau Cornelia die Kunst der Veredlung reifer Trauben zu fruchtigen, eleganten, lebendigen Weinen. Harmonie mit der Natur ist ihnen dabei wichtig. Und sie beginnt bei der umweltschonenden Bearbeitung der Weinberge. Zum Beispiel mit organischer Düngung und lebendigen Böden, die natürlichen Nützlingen viel Raum lassen. Im Herbst freuen sie sich dann über kleinbeerige, goldgelbe und herrlich fruchtige Riesling- und Weissburgundertrauben auf ihren Traben-Trarbacher Spitzenlagen. Sie tragen so traditionsreiche Namen wie Schlossberg, Burgberg, Würzgarten, Kräuterhaus, Taubenhaus oder Königsberg. Was dann aus ihren Fässern kommt, wird zu einem individuellen

Weinerlebnis. Ein fruchtiges Vergnügen – echt Storck – , das verführt und verwöhnt, beschwingt und beflügelt.
Die beiden kontaktfreudigen, engagierten Winzer haben aus ihrem WeinGut mitten in der Altstadt von Trarbach einen familiären Treffpunkt für Genießer gemacht. Für sie ist der Wein ein „Füllhorn der Freude“, das Geselligkeit begleitet, Gespräche belebt und menschliche Verbindungen bereichert. Kurzum: ein Gewinn an Lebensqualität. Dem Ingenieur für Weinbau- und Kellerwirtschaft Peter Storck lag in seiner Jugend eigentlich mehr die Fliegerei im Sinn. Jetzt begeistern ihn Höhenflüge subtilerer Art – seine Weinliste gibt humorvolle Beispiele davon: Hier entdeckt man lebendige und beruhigende Weine, Sinnerheiterer und Streicheleinheiten, regionale und weltoffene Genüsse, erfrischende Wohltaten und den Schlummertrunk, prickelnde Seitensprünge, rebellischen, skandalösen sowie einen fast unmöglichen Wein (er soll von 24 Jungfrauen gelesen worden sein).
Herzlichkeit, Gastfreundschaft und Kommunikation werden im WeinGut Storck, diesem schönen, weinbelaubten Natursteinhaus, groß geschrieben. Frisch, fröhlich und unkompliziert wie ihre Weine sind Peter und Cornelia Storck selbst. Gern laden sie Freunde und Kunden zum Rebenpflanzen, zum Rebschnitt oder zur Lese. Bringen ihnen bei diesen vergnüglichen Veranstaltungen Wachstum, Gedeihen und schonende Bewirtschaftung dieser Kulturpflanze nahe. Winzer, Wein und Wingert „zum Anfassen“ sozusagen. Das setzt sich fort im Keller und in der Probierstube, wo geschnuppert und gekostet, gesüffelt und genossen, geträumt und diskutiert wird. Zum Beispiel jeden Donnerstag, wenn um 18 Uhr das „gemütliche Weinseminar“ steigt, mit vielen Infor mationen rund um den Wein.
Wer mit Theorie und viel Praxis so richtig auf den Geschmack der Kellerkinder gekommen ist, kann sein feucht-fröhliches Studium in der „Storcke-Stütz“, der nahen Kellerschänke des WeinGuts in der Brückenstraße 4, fortsetzen. Das uralte Kreuzgewölbe stammt aus der Zeit der Grafen von Sponheim, die es im 14. Jh. erbauten und mit ihren Fässern füllten. Heute lässt es sich hier zünftig schmausen und bechern, mit deftigen Vespern, gut gewürzten Spezialitäten und natürlich „echt storcken“ Weinen (Kellerphon 06541/6818).

Oase Moselschlösschen

Der Name ist Programm. Das eindrucksvolle Ferien-, Hotel- und Tagungsparadies „Oase Moselschlößchen" gilt als Refugium für alle, die sich „reif für die Insel" fühlen. Obwohl nicht nur von Wasser, sondern auch von Reben, Wald und einer bezaubernden Urlaubslandschaft umgeben – bildet es ein in sich geschlossenes „Terroir", in dem stressgeplagte Genießer direkt am Fluss Ruhe pur und Entspannung finden. Die geräumigen Appartements und Suiten, der aufmerksame Service und – last but not least – die hervorragende Küche schaffen eine „Wohlfühl-Atmosphäre", die nicht nur private Gäste, sondern auch zahlreiche Unternehmen schätzen. Für sie stehen im Hotelkomplex zehn Seminar- und Konferenzräume zur Verfügung, technisch perfekt und mit allem Komfort.

Den parkähnlichen Garten mit dem großzügigen Ensemble aus „Fachwerkhaus", Villa „Moselschlösschen" und „Schlösschengasse" verdankt das Vier-Sterne-Hotel einer Zeit, in der sich die prachtvollen Herrenhäuser verschwenderisch viel Platz am Moselufer nahmen. Nachdem das Anwesen von der Familie veräußert und lange als Zentralkellerei genutzt wurde, erweckte es 1983 der Trierer Bürgerverein zu neuem Leben. Das Moselschlösschen verwandelte sich in eine moderne, behagliche Ferien- und Hotelanlage mit einem sympathischen Hauch von Nostalgie. Die überwiegend im Maisonette-Stil gebauten Appartements sind zwischen 35 und 105 qm groß und gewähren fast alle den schönen Blick auf die Mosel und die romantische Ruine der Grevenburg.

Seit 1991 leitet Geschäftsführer Gerd Allgayer das Haus und machte es mit kulinarischen Veranstaltungen wie die „Romantischen Gourmet-Abende", die „Arrangements für Verliebte" oder die beliebten „Gastronomischen Tage" weit über die Region hinaus bekannt. Unter dem schönen Motto „Lassen Sie sich fallen, wir fangen

Oase Moselschlösschen

Neue Rathausstraße
56841 Traben-Trarbach
Telefon 0 65 41-83 20
Telefax 0 65 41-83 22 55
E-Mail oase@moselschloesschen.de
www.moselschloesschen.de

Sie auf" können sich die Gäste jetzt auch mit „Asianess", einem fernöstlichen Anti-Stress-Programm verwöhnen und regenerieren lassen. „Wir möchten, dass die Gäste unserer Freunde werden", so der engagierte Hotelfachmann. Küchenchef Siegmund Kaniasty weiß, dass die Liebe auch durch den Magen geht und festigt die Beziehungen auf seine Art: fantasievoll, abwechslungsreich und angenehm leicht. In die Töpfe und Pfannen kommt nur, was auch bei der Zubereitung noch frisch, knackig und aromatisch ist, also vor allem einheimische Produkte. Auch die Weine, ausschließlich aus Traben-Trarbach und Umgebung, machen kurze Wege. Sie ergänzen sich herrlich mit Kalbsmedaillons im Weinstockrauch, Schlösschen-Suppe im Brotlaib oder Forellenfilet im Vollkornmantel auf Safran-Riesling-Sauce. Alljährlich im September ist „Schlösschen-Sommerfest" im Brunnenhof angesagt. Dann delektieren sich die Gäste an Fisch- und Fleischspezialitäten vom Holzkohlengrill, während ihnen auf der großen weinumrankten Terrasse die Trauben fast in den Mund wachsen.

KALBMEDAILLONS IM WEINSTOCKRAUCH

Zutaten:

800 g gesäubertes Kalbsfilet,
5 ml Traubenkernöl
ca. 400 g Rebenholz
$^1/_2$ l Moselriesling
200 g Creme fraiche
280 g Möhren in groben Stiften
200 g Blumenkohlröschen
200 g Brokkoliröschen
200 g gelbe Zucchinistreifen
100 g Butter, Salz, Pfeffer
Muskat, Zucker

Zubereitung:

Auf geraspeltem naturreinen Rebenholz, das mit einigen zerstoßenen Wacholderbeeren und Traubenkernöl angereichert wurde, das Filet im Räuchergerät etwa 10 Min. heiß räuchern. Anschließend salzen, aus der Mühle pfeffern und in einer Pfanne im Ofen bei 160° C etwa 10 Min. zart rosa braten. Das Gemüse al dente garen, einzeln mit etwas Butter kurz andünsten, mit Salz, Pfeffer, frisch geriebenem Muskat und Zuckerprise abschmecken. Filet entnehmen, Bratensatz mit Riesling und Creme fraiche ablöschen, einkochen und nach Geschmack würzen. Filet tranchieren, auf gewärmten Tellern mit je 2-3 Löffeln Sauce anrichten und dem bunten Gemüse garnieren. Als Beilage passen knusprige Kartoffelrösti.

Weingut C. A. Immich-Batterieberg

Weingut
C. A. Immich-Batterieberg
Im Alten Tal 2
56850 Enkirch
Telefon 0 65 41-8 30 50
Telefax 0 65 41-83 05 16

E-Mail info@batterieberg.de
www.batterieberg.de

Das „Schatzkästlein rheinischer Dorfbaukunst“, wie Enkirch gern genannt wird, beherbergt neben seinen reich verzierten Fachwerkhäusern und malerischen Winzerhöfen noch ein Kleinod besonderer Art: die mittelalterliche „Escheburg“, eine der letzten karolingischen Burganlagen – nicht auf der Höhe, sondern mitten im Ort. Der Mittelbau ist noch original erhalten. Das Tonnengewölbe des über 1000 Jahre alten Burgkellers ruht auf einer mächtigen römischen Säule, die ehemals

eine Villa schmückte. Frankenkönig Ludwig IV. vermachte das Anwesen anno 908 dem Bischof von Trier. Spätestens seit 1425 ist dort der Weinbau der Familie Immich belegt.

Gert Basten erwarb das traditionsreiche Gut 1989 und ließ sich den Erhalt der historischen Gebäude ebenso angelegen sein wie die Pflege der Weinberge und der Kellerwirtschaft. Seine Rieslingweine stehen heute in der internationalen Spitze und erhalten höchste Bewertungen in allen renommierten Weinführern. Sie wachsen auf reinem Blauschiefer und vor allem in jener berühmten Monopollage, die dem Weingut seinen Namen gab: dem Batterieberg. Die etwas martialisch klingende Bezeichnung rührt von den Sprengladungen her, mit denen Georg-Heinrich Immich in der Mitte des 19. Jh. das Felsmassiv sprengen ließ, um dort in extremer Steillage Reben anzupflanzen. Eine ungewöhnliche Aktion, die es so in Deutschland noch nicht gegeben hatte.

Der qualitative Aufschwung der letzten Jahre ist eng mit dem Namen Uwe Jostock verbunden, der seit 1994 als Betriebsleiter und Kellermeister Regie führt.

Nach seiner Überzeugung wird Wein jedoch nicht im Keller gemacht, „Wein entsteht im Weinberg“. Sonne und Schiefer sind es natürlich nicht allein. Es gehören auch naturnahe Pflege, geringe Erträge und strenge Selektion bei der späten Lese dazu. Seine Arbeit im Burgkeller nennt Jostock humorvoll überspitzt „kontrolliertes Nichtstun“. Der Wein braucht Zeit und Ruhe zum Reifen. Das Ergebnis sind hervorragende trockene oder auch edelsüße Weine, in denen die Mineralik und die „hellen Aromen“ des Riesling wunderbar zum Ausdruck kommen. Keine andere Region der Welt, so Jostock, bringe Weine hervor, die bei so wenig Alkohol so viel Geschmack entfalten. „Jeder Wein herrlich klar und stimmig“, schreibt der Mondo-Weinführer über die Kollektion 1999, und auch beim Jahrgang 2000 habe „jeder Wein überzeugt“. Alle Kreszenzen zeichnet ein typischer Charakter aus, der sie verbindet.

Mehrmals im Jahr lädt das Weingut zu genussvollen Wochenend-Veranstaltungen mit Galadiners, Weinproben, Weinbergswanderungen, Sensorik- oder Zigarrenseminaren in stilvoll-historischem Ambiente. Im benachbarten „Gutsladen“ gibt's Wein, Winzersekt und Accessoires rund um das schöne Thema. Führungen durch die Burganlage mit Besichtigung des renovierten Königssaals und Weinprobe im 1000 jährigen Holzfasskeller – es ist einer der ältesten in ganz Deutschland – werden auf Wunsch gern organisiert. Wer die ganze „Batterie“ hervorragender Kreszenzen durchprobieren will, kann sein müdes Haupt bei etwas Glück in einem der Burg-Appartements betten. Dafür sollte man sich freilich rechtzeitig anmelden.

Weingut Clemens Busch

Weingut Clemens Busch

Kirchstrasse 37
56862 Pünderich
Telefon 0 65 42-2 21 80
Telefax 0 65 42-16 25
E-Mail info@clemens-busch.de

Das Moselufer im idyllisch-beschaulichen Pünderich – abseits der Bundesstraße – ist ein Ort zum Verweilen, Schauen und Träumen. Der Fluss setzt hier zu einer seiner längsten und engsten Schleifen, dem Zeller Hamm, an. Gegenüber dem Ort, auf der linken Moselseite, recken sich die grünen Rebhänge zur Marienburg empor, die hoch oben über dem Tal thront. Der Name Pünderich entstand aus Pontariacum und weist auf die Fähre, die wie in alten Zeiten auch heute noch die Winzer auf die andere Flussseite und zu ihren besten Lagen bringt.

In der Nachbarschaft vieler anderer schön erhaltener Fachwerkhäuser, nur wenige Meter von der Mosel entfernt, haben Clemens und Rita Busch das Stammhaus der Familie aus dem 17. Jh. liebevoll restauriert. Hier genoss auch Stuart Pigott die herrliche Sicht auf die steilen Schieferlagen unterhalb der Marienburg, wo die trockenen Rieslinge des Jahrgangs 1999 reiften, die vor ihm auf dem Tisch standen. Begeistert schildert er die erstaunliche Geschmeidigkeit und Fülle der Gewächse aus den Lagen Pündericher Marienburg und Nonnengarten und bezeichnet die Weine euphorisch als eine „neue Dimension der Sinnlichkeit". Bei der 1999er-Felsterrasse, einem Filetstück der Pündericher Marienburg mit über 50-jährigen Reben, fehlen dem Weinexperten nach eigenem Bekunden gar die Worte, um den außergewöhnlichen Genuss angemessen zu beschreiben.

Die Familie Busch engagiert sich für ökologischen, besonders umweltschonenden Weinbau. Da sie exzellente Weine produziert, interessiert natürlich: Was wird anders gemacht? Und vor allem: Wie beeinflusst die umweltfreundliche Bewirtschaftung die Weinqualität? Gemäß den Zielen der Vereinigung „Ecovin" verzichten Clemens und Rita Busch auf naturfremde Chemikalien bei Düngung und Pflanzenschutz und versorgen den Boden ausschließlich mit organischen Nährstoffen wie Kompost, Ernterückstände oder Urgesteinsmehl. Wo die Harmonie von Boden, Pflanzen- und Tierwelt nicht gestört wird, so ihre Überzeugung, wachsen gesündere und widerstandsfähigere Trauben. Die natürliche Düngung versorgt die Pflanzen gleichmäßiger und lässt sie tiefer wurzeln. Die natürliche Hefeflora wird geschont, die Aromen des Terroirs kommen klarer zum Ausdruck. Zusammen mit geringem Anschnitt und selektiver Lese liefern die Reben zwar geringere Erträge, aber in der Regel bessere Qualitäten. Sie bleiben außerdem besonders lange fruchtbar und tragfähig. Der expandierende Betrieb erntet in seinen Steillagen überwiegend Riesling, in weniger felsigem Gelände kleinere Mengen an Rivaner und Spätburgunder. Neben ihren Weinen bieten die Busch's als Spezialitäten auch vorzügliche, im Eichenholz gelagerte Edelbrände aus dem Trester von Riesling und Spätburgunder an.

Seit den 80er Jahren verzeichnet das Weingut eine stete Aufwärtsentwicklung und zählt inzwischen mit seinen trockenen, halbtrockenen und edelsüßen Weinen zur deutschen Weinelite. Ob Gault Millau, Eichelmann oder Johnson – alle zollen ihm hohe Anerkennung. Eine 2 000er Riesling Beerenauslese von der Pündericher Marienburg errang bei der Kammerweingala der IHK Koblenz den Sonderpreis und war damit die beste Beerenauslese von vier Weinanbaugebieten. Die Riesling Trockenbeerenauslese des gleichen Jahrgangs brachte es auf einen beachtlichen zweiten Platz bei diesem Wettbewerb. Die naturnahe Bewirtschaftung der steilen Hänge, bei der kaum Hilfsmittel eingesetzt werden können, kostet Zeit und Kraft. Doch Clemens und Rita Busch gehen gern in den Wingert. Belohnt wird ihre Arbeit mit Weinen, die von Kennern als dicht, tiefgründig, mit einzigartigem Lagencharakter, diskreter natürliche Säure sowie ausgeprägten Frucht- und Kräuteraromen beschrieben werden. Wie auch immer – man sollte sie einfach in Muße genießen.

Moselschleife bei Bremm

Weingut-Weinmuseum Schlagkamp-Desoye

Weingut-Weinmuseum
Schlagkamp-Desoye

Zeller Strasse 11
56820 Senheim
Telefon 0 26 73-43 81
Telefax 0 26 73-43 51
E-Mail schlagkamp@t-online.de
www.schlagkamp-desoye.de

Wer zum ersten Mal den „Theatersaal" des Weingutes Schlagkamp-Desoye betritt, hält verblüfft inne. Mehr als 10 000 Exponate rund um den Wein von der Römerzeit bis heute füllen Wände, Schränke und Vitrinen des riesigen Raumes, der einst für die Hochzeit einer Tochter des Hauses mit einem Adligen gebaut worden war. Rund vierzig Jahre hat der Hausherr gesammelt, was Generationen in zweitausend Jahren bei der Kultivierung des Landes gefertigt und benutzt haben. Viele Raritäten stammen von Berufen, die man kaum noch vom Hörensagen kennt: Küfer, Eichmeister, Schröter, Stellmacher oder Kommissionäre. Kunstvoll geformte Gläser, seltene Etiketten, Winzerwerkzeug und eine Weinpresse aus dem Jahr 1752 künden von der alten Zeit. Der Saal, heute stimmungsvolles Ambiente für Weinproben und Gourmetabende, diente früher auch dem Senheimer Theaterverein. Die Mimen des Weindorfs führten hier alljährlich Ganghofers Geierwally auf, berichtet Dieter Schlagkamp-Desoye schmunzelnd und gibt dazu gleich ein paar schöne Storys aus der Dorfgeschichte zum Besten. Überhaupt sitzt dem temperamentvollen Winzer ständig der Schalk im Nacken. Er gilt nicht nur als Experte in der Wein- und Landesgeschichte – er weiß auch vergnüglich davon zu erzählen.
Unermüdlich und einfallsreich wirbt er bei

SENHEIM

Gästen aus aller Welt für die Weinkultur an der Mosel, ihre einzigartige Landschaft und 2 000-jährige Geschichte. „Nirgends ist sie so spannend wie hier". Ob bei Erlebnis-Weinproben, unterhaltsamen Weinseminaren, Kulturwanderungen oder beim Federweißenfest mit Zwiebelkuchen und Tresterfleisch – immer stehen die Schätze und Besonderheiten der heimischen Region im Mittelpunkt. In seiner idyllischen „Vinarena", in der bis zu 300 Personen bei Open-Air-Veranstaltungen Platz finden, hat der rührige Moselaner alle 27 Rebsorten gepflanzt, die hier mal heimisch waren. Jahr für Jahr treffen sich bei ihm über 100 Germanisten vieler Nationen, die ihrerseits wieder zu Botschaftern des „Ferienparadieses Mosel" werden. Er selbst sei nicht so wichtig, meint der Gastgeber lächelnd, aber drei Begriffe müssten immer hängen bleiben: Deutschland, Riesling und Mosel. Und damit nichts davon verloren geht, kann jeder Gast Pate eines Weinstocks werden. Er bekommt eine schöne Urkunde, sein Namensschild am Stock und natürlich den kompletten jährlichen Ertrag mit der Auflage, sich so oft wie möglich um sein „Patenkind" zu kümmern, damit 's was Ordentliches wird.
Schlagkamp versteht sich nicht als „Weinmacher", sondern als „Weingynäkologe". Was aus dem Dunkel seines Kellers das Licht der Welt erblickt, ist das Ergebnis von „Riesling – Schiefer – Sonne". Dieser Dreiklang geht in die Welt, füllt die Gläser bei Empfängen im Hamburger Rathaus und rinnt durch manche prominente Kehle. Willy Brandt, Helmut Schmidt, Boutros Ghali und Prinz Charles sollen davon gekostet und selbst Arafat der Versuchung nicht widerstanden haben. Von der Anpassung an das internationale Geschmacksniveau hält der Winzermeister nichts. „Der Wein soll landschaftsbezogen bleiben". Riesling führt als klassische Rebsorte, vor allem in seinen Spitzenlagen wie der „Senheimer Lay". Daneben gibt es aber auch feinen Grau- und Weißburgunder, Rivaner und Elbling zu verkosten. Gern führt der Hausherr nach vorheriger Anmeldung Gruppen durch sein Museum und macht die Geschichte seiner Weindomäne lebendig. Das Jahr 2002 stand ganz im Zeichen des 400-jährigen Jubiläums des traditionsreichen Weinguts, das anno 1602 erstmals Erwähnung fand.

Der römische Gott mit der genussvollen Leibesfülle, dem efeuumkränzten Haupt und dem Weinpokal in der Hand brachte vor zweitausend Jahren die Weinkultur an die Mosel. Das wird ihm rund ums Jahr mit einem bunten Reigen fröhlicher Feste gedankt. Vor allem im Sommer und Herbst, wenn sich die heitere Flusslandschaft in eine einzige romantische Kulisse wandelt, locken vor historischen Mauern und dem satten Grün der Weinberge bacchantische und lukullische Vergnügen. Jeder Ort huldigt dem Weingott auf seine Weise. Es gibt spektakuläre Veranstaltungen, wie z.B. in Trier, Bernkastel-Kues, Piesport oder Winningen. Doch auch kleine Weindörfer pflegen große Tradition. Bruttig zum Beispiel im Cochemer Krampen. Sein Winzerfest, jeweils am zweiten Wochenende im August, zählt zu den größten und ältesten der Region. Hier drängeln sich keine anonymen Massen. Es geht gemütlich zu, fast familiär. Gäste und Gastgeber kennen sich oft schon seit vielen Jahren. Und auch die Freunde aus der belgischen Partnerstadt Overijse lasssen es sich nicht nehmen, in fröhlicher Gesellschaft auf die jahrzehntelange Verbindung anzustoßen.

Der beschauliche Erholungsort weist einige Attraktionen auf. 1493 erblickte hier der gelehrte Humanist Petrus Mosellanus das Licht der Welt, der spätere Rektor der Leipziger Universität und Moderator der Streitgespräche zwischen Luther, Eck und Karlstadt. Der Petrus-Mosellanus-Brunnen vor dem sehenswerten historischen Rathaus aus dem 17. Jh. erinnert an den berühmten Sohn des Dorfes. Auch das gut erhaltene Spätrenaissancepalais „Haus Schunck" von 1659 inmitten uriger Fachwerkhäuser gilt als Rarität im gesamten Moselraum. Von ihm blickt die heilige Margaretha, die

MEHR INFORMATIONEN BEI ORTSGEMEINDE BRUTTIG-FANKEL

KLOSTERSTRASSE 12
56814 BRUTTIG-FANKEL
TELEFON 0 26 71-91 52 97
TELEFAX 0 26 71-76 55
WWW.BRUTTIG-FANKEL.DE

Namenspatronin der Kirche, auf das festliche Treiben am Fluss.
Das Bruttiger Moselufer zählt zu den schönsten weit und breit und bietet unter den schattigen alten Bäumen einen idealen Festplatz. Vier Tage lang vergnügt sich hier das Dorf mit Tausenden von Besuchern. Bier ist verpönt. Ausgeschenkt wird der Rebensaft, der rund um den Kirchturm wächst. Höhepunkt am Samstag bildet ein traditionelles Zeremoniell. Sobald es dunkel wird, tauchen brennende Fackeln das gegenüberliegende Moselufer in bengalisches Licht. In spannungsvoller Erwartung richten sich alle Blicke auf die Top-Weinlage Bruttigs, die steile „Götterlay". Von dort steigt im flackernden Schein der Fackeln der Weingott mit seinem Gefolge hinab, setzt in einem Nachen über den Fluss und lässt sich auf einer Sänfte von seiner Sklavenschar auf's Podium tragen. Trommler und Böllerschützen geben dem Spektakel die gebührende Ehre. In der Rechten des Unsterblichen funkelt ein ganzer Liter köstlichen Rebensaftes im mächtigen „Römer". Ihn leert der trinkfrohe Gott, flankiert von den charmanten Weinköniginnen, beherzt auf einen Zug. Spätestens dann hat die Stimmung ihren Höhepunkt erreicht. Das Volk strömt zum „Teufelstanz" ins Festzelt, eine jahrhundertealte Tradition, urwüchsig und elementar. Nur die Bruttiger Blasmusik kennt die Noten dazu und gibt sie wie einen geheimen Ritus von Generation zu Generation weiter.
Publikumsmagnet am Sonntag ist der traditionsreiche Festumzug: Kapellen, Fahnenschwenker, blumengeschmückte Festwagen, Weinmajestäten sowie zahlreichen Gruppen, die an Geschichte, Tradition und Winzerhandwerk erinnern, ziehen durch den Ort bis zum Festplatz, wo es mit Musik, Tanz und einem Brillant-Feuerwerk bis spät in die Nacht weitergeht. Wenn dann nach stimmungsvollem Ausklang am Montag die Gäste mit dem festen Vorsatz, auch im nächsten Jahr wieder dabei zu sein, nach Hause fahren, atmen die Winzerfamilien und ehren-amtlichen Helfer des Verkehrs- und Verschönerungsvereins erst mal kräftig durch. Ihr Engagement und unermüdlicher Einsatz machen das Fest, das Jahr für Jahr mehr Gäste in den idyllischen Moselort zieht, überhaupt erst möglich.

Kucher's Landhotel

„Weinkarte, wenn mit Fantasie gelesen, ist fast so schön, wie wirklich voll gewesen", schrieb Carl Zuckmayer genüsslich. In Kucher's Landhotel wäre der trinkfrohe Dichter so recht ins Schwärmen geraten. Hier schmökern die Gäste in der größten Weinkarte von ganz Rheinland-Pfalz. Rund 1200 erlesene Kreszenzen aus aller Welt, darunter viele Raritäten und natürlich die besten Moselweine, hat der Schwabe Martin Kucher ausgesucht, selbst verkostet und in einem eigens dafür konstruierten Kreuzgewölbe wohltemperiert gelagert. Jeder kann es besichtigen. „Martin's Weindepot" offeriert auch Spezialitäten und Accessoires rund um den Wein (Tipp für originelle Präsente: Ab 1890 findet sich hier jeder Jahrgang, mit etwas Glück noch ältere Flaschen). Martin Kucher gilt als einer der besten Köche der Region und findet in allen namhaften Schlemmer-Führern hohes Lob und Anerkennung. „Der Wein war der Faden in meinem Lebenslauf", bekennt er, und so fällt es manchmal schwer zu entscheiden, ob man den richtigen Wein zum

Kucher's Landhotel

Karl-Kaufmann-Strasse 2
54552 Darscheid/Vulkaneifel
Telefon 0 65 92 - 6 29
Telefax 0 65 92 - 36 77
E-Mail KuchersLandhotel@t-online.de
www.KuchersLandhotel.de

Ruhetag: Montag

Essen oder die passenden Speisen zum Wein wählen soll. Zum Glück hat der Chef viel Verständnis für die unersättliche Neugier von Weinpilgern und hält zu seinen verführerischen Menüs eine große Anzahl hervorragender offener Weine bereit. Kulinarisch kann der Gast wählen zwischen der „Regionalen Eifelstube" und dem „Gourmetrestaurant". In der urgemütlichen, mit antiken Möbeln bestückten Eifelstube locken einfallsreiche ländliche Spezialitäten mit frischen Zutaten direkt vom Erzeuger: Eifler Rohmilchkäse in Salsa Verde, Schweinepfeffer mit Rahmkartoffeln, leckere Aufläufe, pfiffige Kartoffel-Kreationen und ausgefallene Desserts wie „Darscheider Schnaps-Seufzer" (aus Haselnussgeist). Das Gourmetrestaurant gleich nebenan steigert die Genüsse mit raffinierten Gaumenfreuden, mediterran und zuweilen auch asiatisch inspiriert. Der Blick in die Speisekarte wirkt so animierend wie die Liste der Weine. Ob Carpaccio von Jakobsmuscheln und weißem Heilbutt in Limettensauce, Gänsestopfleberparfait mit Tokajer-Gelee, Kartoffelgnocchis mit frischen schwarzen Trüffeln, Salzgraslamm in Pinienkruste oder Seeteufel in Brickteig mit delikater Schnecken-Spinatsauce – am liebsten würde man nichts davon auslassen, schon gar nicht die köstlichen Desserts wie Apfelterrine mit Mandelkruste auf Calvados-Sabayon oder warme Schokoladentarte mit Armagnac-Zimteis und Blutorangen-Confit. Täglich kreiert das Küchenteam nach Marktlage und Saison ein Überraschungsmenü mit wahlweise vier, sechs oder acht Gängen.
Für den aufmerksamen, kompetenten Service sorgt die liebenswürdige Gastgeberin Heidi Kucher. Sie hält für ihre Gäste auch 14 individuell im Landhausstil eingerichtete Zimmer bereit, die den angenehmen Komfort eines gehobenen Drei-Sterne-Hotels bieten. Wer hier in großer oder kleiner Runde tafelt, an Martin Kuchers bemerkenswerten „Wein-Events" bzw. „Kulinarischen Streifzügen" teilnimmt oder einfach nur in der schönen Vulkaneifel nahe der Mosel Urlaub macht – er findet in diesem gastlichen Haus alles, was mit Genießen zu tun hat. Denn darin kennen sich Kuchers trefflich aus.

Kalbskopf-Carpaccio mit Hummer, blauem Kartoffelsalat und Trüffelremoulade

Zutaten:

1 größeres Stück Kalbskopfmaske
200 g Kalbszunge, 200 g Blattspinat
1 Bouquet garni, 2 EL Walnussöl,
4 EL Olivenöl, 2 EL Rotweinessig
1 lebender Hummer (650-750 g)
1 Karotte, 1 kl. Stück Sellerie
$^1/_2$ Stange Lauch, 3 Lorbeerblätter
3 Piment- u. Wacholderbeeren
ca. 10 blaue Kartoffeln, 2 Eigelb,
$^1/_8$ l Keimöl mit Trüffelaroma
1 TL Senf, gehackte Petersilie
1 Trüffel, Salz, Pfeffer, Salatblätter

Zubereitung:

Kalbskopfmaske u. Zunge wässern, mit Bouquet garni aufkochen, abschäumen, garen. Zunge abziehen, würfeln. Maske zur Hälfte würfeln, andere Hälfte mit 1 l heißer Brühe mixen und zu den Zungen- u. Maskenwürfeln geben. Kräuter und blanchierten Spinat mit restlicher Brühe fein mixen, zur Maske geben, abschmecken. In einer Form kühl stellen. Gewürfeltes Gemüse mit Gewürzen zum Kochen bringen. Hummer mit dem Kopf voraus in den Topf geben, aufkochen, ziehen lassen, herausnehmen, abkühlen und ausbrechen.
Kartoffeln kochen, würfeln, mit Essig, Oliven- u. Walnussöl, Salz und Pfeffer anmachen. Aus Eigelb, Trüffelöl u. übrigen Zutaten Remoulade rühren. Kalbskopf in dünne Scheiben schneiden, kranzförmig legen, mit Essig-Öl-Marinade bestreichen, Kartoffelsalat, mariniertes Salatbukett und Hummer darauf anrichten, Remoulade verteilen, mit Trüffelscheiben und Blüten vollenden.

Landgasthof Michels

Landgasthof Michels

Sankt Martinstrasse 9
54552 Schalkenmehren
Telefon 0 65 92-92 80
Telefax 0 65 92-92 81 60
E-Mail michels@landidyll.de
www.landgasthof-michels.de

Der schönste Teil der Eifel, die „Vulkaneifel“, stellt mit ihren neun Kraterseen auf engstem Raum ein weltweit einzigartiges Naturschauspiel dar. Was vor Jahrtausenden feuerspeiende Vulkane geschaffen haben, zeigt sich heute als eine überaus reizvolle, abwechslungsreiche Region mit weitgehend unberührter Landschaft, seltener Pflanzenwelt und Zeugnissen aus rund 400 Mio. Jahren Erdgeschichte. Inmitten dreier „Maare“, wie man die Vulkanseen nennt, liegt das idyllische Schalkenmehren mit einer kulinarischen Adresse, die genau in diese beschauliche Umgebung passt: der Landgasthof Michels. Ländlicher Charme und Naturnähe verbinden sich hier mit allem Komfort, den man zum Wohlfühlen und Entspannen braucht. Das Vier-Sterne-Hotel gehört zur Landidyll-Gruppe, die für besonders reizvolle Standorte, persönliche Betreuung und exzellente Küche bekannt ist.

Gastgeber Hubert Drayer kommt aus dem Schwarzwald. Er lernte die Vulkaneifel während seiner Schulzeit bei Ferienbesuchen kennen, als noch seine Tante Rosel Michels das Hotel führte. Da sie selbst keine Kinder hatte, begeisterte sie ihren Neffen für den Betrieb. Nach Drayers Ausbildung zum Küchenmeister in Baden-Baden zog er nach Schalkenmehren, wo er im Landgasthof sein Können zunächst am Herd unter Beweis stellte. 1996 übernahmen er und seine Frau Melanie dann die Leitung des Hotels, in dem neben der Familie inzwischen fast 30 dienstbare Geister um das Wohl der Gäste bemüht sind. Zum Kochen bleibt da für Drayer kaum mehr Zeit, und

so sorgt seit Jahren Ferdinand Scharner mit seiner eingespielten Küchencrew dafür, dass die Landliebe auch durch den Magen geht. Von der „kleinen Karte" bis zum anspruchsvollen Menü, auch für große Gesellschaften, steht ein beeindruckendes Repertoire an nationalen und internationalen Speisen zur Wahl. Die jeweilige Saison variiert das Angebot. So feiert man den Frühling mit Spargelkreationen (etwa zu Hummer oder gebratener Entenbrust auf Maltesersauce mit Orangenfilets). Im Herbst kommt viel „Wildes" auf den Tisch, frisch aus den Eifelwäldern, verfeinert mit Wacholderrahm, Pilzen, Preiselbeer- oder Traubenkompott. Bei der süddeutschen Herkunft des Hausherrn verwundert es nicht, wenn auch Mastochsenbrust nach badischer Art, Maultaschen, Käsespätzle und Schupfnudeln die Karte bereichern.

Dass der Landgasthof ursprünglich eine einfache Landwirtschaft mit Poststelle war, daran erinnert heute nichts mehr. Das Anwesen wurde komplett umgebaut, besitzt von der gemütlichen Essecke bis zum prächtigen Ballsaal mehrere Restauranträume in gepflegtem Landhausstil, eine Badelandschaft zum Relaxen und 72 Gästebetten. Die Zimmer bieten auch bei längeren Aufenthalten angenehmen Komfort mit vielen Extras. „Wir kümmern uns um die Gäste, das ist unsere Stärke", so Hubert Drayer. Das kommt nicht nur im freundlichen Service und bei zahlreichen Gäste-Veranstaltungen zum Ausdruck, sondern auch in kleinen, durchdachten Aufmerksamkeiten, die der Bequemlichkeit des Gastes dienen. Belohnt wird die herzliche Gastlichkeit des ganzen Hauses mit einem extrem hohen Anteil an Stammgästen.

EIFELER WILDSCHWEINFILET IN ROTWEIN GESCHMORT MIT TRAUBENKOMPOTT IM KARTOFFELNEST UND AUSGESUCHTEN GEMÜSEN

Für 4 Personen

Zutaten:

1,5 kg Wildschweinfilets
0,5 l Rotwein
Salz, Pfeffer, 1 Majoranzweig
Röstgemüse (Lauch, Möhren, Zwiebeln gewürfelt)
Creme fraiche
Halbierte entkernte Trauben
Trockenfrüchte (Apfel, Aprikosen, Pflaumen)
10 Kartoffelnester

Zubereitung:

Wildschweinfilet in Bratfett heiß anbraten, mit Salz und Pfeffer würzen, Majoranzweig und Röstgemüse zugeben, Fleisch rosa braten.
Filets im Ofen warm stellen, Bratensatz weiterbraten, mit Rotwein ablöschen, reduzieren, durch ein Sieb passieren und mit Creme fraiche binden.
Würfel von Trockenobst und Trauben in Butter anbraten, schwenken und in das Kartoffelnest geben. Fleisch aufschneiden, auf Soßenspiegel setzen, Kartoffelnest dazu legen und mit ausgesuchten Gemüsen garnieren.

Cochem

Die Reichsburg

Enderttor mit Thorschenke

Mehr Informationen bei:

Verkehrsamt Ferienland Cochem
Endertplatz
56812 Cochem
Telefon 0 26 71-6 00 40
Telefax 0 26 71-60 04 44

Nicht viel mehr als 6 000 Seelen zählt die Mosel-Metropole. Doch in den Sommermonaten herrscht hier ein geradezu babylonisches Sprachgewirr. Rund zwei Millionen Besucher aus aller Herren Länder strömen Jahr für Jahr in das quirlige Städtchen. Europäische Nachbarn, Touristen aus Amerika und Fernost flanieren durch die engen, mittelalterlichen Gässchen, fotografieren die gepflegten Fachwerkhäuser, den beschaulichen Marktplatz, das schmucke barocke Rathaus und die gut erhaltenen Stadttore.

Am eindrucksvollsten präsentiert sich das schönen Panorama vom gegenüber liegenden Stadtteil Cond aus. Magisch zieht die herrliche Reichsburg auf steilem Felsenkegel den Blick auf sich. Unterhalb der Burg erinnert das kleine Peterskapellchen an die Pestjahre im 15. Jh. Die geschwungene Moselfront bildet mit der liebevoll restaurierten Altstadt, der dreifach gewölbten Barockhaube von St. Martin und dem Kapuzinerkloster dahinter ein Bild, wie es nicht reizvoller sein könnte. Die Ruine der Winneburg im tiefen Enderttal komplettiert das Ensemble. Sie ist stummer Zeuge jenes verhängnisvollen Jahres 1689, als die Truppen Ludwig des XIV. marodierend durchs Land zogen und binnen zweier Tage die stolze Feste der Winneburger samt der Burg Cochem in Schutt und Asche legten. Dass die Reichsburg, die einst um das Jahr 1000 als Pfalzgrafenburg errichtet wurde, heute wieder so prachtvoll mit ihren vielen Türmchen, Erkern und efeubewachsenen Höfen über der Mosel thront, verdanken die Cochemer einem kunstsinnigen Berliner Kommerzienrat. Louis Ravené kaufte die Ruine 1869 und investierte in ihren Wieder-

Das eindrucksvolle Panorama der Stadt

aufbau nach alten Plänen ein Vermögen von 5 Millionen Goldmark. Heute gehört Cochems Wahrzeichen seinen Bürgern, beherbergt eine Sammlung von Kunstwerken aus der Renaissance und dient bei vielen Veranstaltungen als romantische Kulisse.
Urkundlich taucht „villa cuchuma" erstmals im Jahr 866 im Goldenen Buch der Abtei Prüm als Schenkung auf, doch auch Kelten und Römer wussten diesen lieblichen Ort schon zu schätzen. Um 1000 findet man ihn im Besitz der rheinischen Pfalzgrafen, ab 1151 als Reichslehen und königliche Zollstätte. Was so amtlich klingt, war für die damals schon rege Schifffahrt eine arge Plage. Die Reichsburggrafen spannten kurzerhand eine Kette über die Mosel und kassierten ab – eine einträgliche Praxis entlang der Mosel, die schon zur Römerzeit geübt wurde. Ab dem 14. Jahrhundert gehört Cochem zum Territorium der Trierer Erzbischöfe und erhält 1332 Stadtrechte. Die Stadt vergrößert sich, erhält Amtsbefugnisse und blüht auf. „Unter dem Krummstab lässt's sich gut leben", so hieß es schon immer an der Mosel. Die geistlichen Herren liebten den Wein und sollen gern in Cochem zu Gast gewesen sein. Doch immer wieder machten Händel und Kriege, Plünderungen und Brandschatzungen den Winzern das Leben schwer.
Die lebenslustigen Cochemer ließen sich jedoch nie unterkriegen. Sie bauten ihre Stadt immer wieder genau so auf, wie sie sie von jeher liebten. „Cochem ist eine alte, lustige Stadt, wo man lieber den Wein als das Wasser hat", so lautet ein Spruch. Und ein Reisender soll sich zu Beginn des 19. Jahrhunderts darüber gewundert haben, dass das kleine Cochem ebenso viele Schenken beherbergt wie die Großstadt Breslau mit ihren 90 000 Einwohnern. Daran hat sich bis heute nicht viel geändert. Im Städtchen vergeht das Jahr wie ein festlicher feucht-fröhlicher Reigen. Einen guten Grund zum Feiern gibt's immer und wenn man keinen hat, erfindet man einen. Vom prachtvollen Silvesterfeuerwerk über das turbulente Fasnachtstreiben, die Wein-, Federweißen-, Burg- und Quetschefeste bis zum weihnachtlichen Adventszauber – die Feste fallen hier, wie man sie feiert und nicht umgekehrt.

Moselromantik-Hotel

Moselromantik-Hotel

Keßler-Meyer GmbH
Am Reilsbach 12
56812 Cochem-Sehl
Telefon 0 26 71-9 78 80
Telefax 0 26 71-38 58
E-Mail
rezeption@hotel-kessler-meyer.de
www.hotel-kessler-meyer.de

Abschalten – Entspannen – Erholen. Jeder braucht von Zeit zu Zeit Ruhepausen, um neue Kraft zu schöpfen und Körper, Geist und Seele wieder in ein harmonisches Gleichgewicht zu bringen. Wo gelänge dies besser als in einer bezaubernden Landschaft und in einem Haus, das nicht nur den angenehmen Komfort eines Vier-Sterne-Hotels mit dem Attribut „superior“ bietet, sondern auch jeden Tag zu einem spannenden Erlebnis werden lässt. Im ruhigen Stadtteil Sehl gegenüber dem wildromantischen „Brauselay“-Felsen und mit Blick auf die stolze Reichsburg liegt das Moselromantik-Hotel, in dem die Familie Kessler-Meyer ihre Gäste mit einem Service verwöhnt, der weit über die messbaren Kriterien der Hotelklassifizierung hinausgeht.

„Wir möchten unsere Gäste süchtig machen auf diese Region“, so der gebürtige Hamburger Rudolf Meyer, und in diesem Satz steckt eigentlich schon alles, was das Besondere ihrer Gastlichkeit ausmacht: die Liebe zur Landschaft, der Einsatz des ganzen Teams bei der persönlichen Betreuung der Gäste und die „sanfte Animation“ mit einem schier unerschöpflichen Erlebnisprogramm. Ob Wandern oder Wassersport, Radeln oder Rundflug, Wein- oder Pfirsichblüten-Event – immer sinnt die Familie auf neue Möglichkeiten, Kultur, Kulinarisches und Kurlaub miteinander zu verbinden und den Mosel-Besuchern unvergessliche Erinnerungen mit auf den Weg zu geben. Der komfortable Wellnessbereich bietet auch Ayurveda-Kuren und ist so vorbildlich ausgestattet, dass das Haus in FOCUS 4/2002 unter den 49 Top-Hotels mit Schwerpunkt auf fernöstliche Therapien gelistet wurde.

Für die Freude am Essen sorgen drei Küchen-Profis mit vorzüglichen, saisonalfrischen Speisen. Auf Wunsch serviert das Haus auch vegetarische und sogar ayur-

vedische Kost. Frische Kräuter zieht die Hausherrin selbst in einem eigens dafür angelegten Gärtchen. Überhaupt dominieren Produkte aus der heimischen Region die wechselnden Menüs, wobei das hervorragende Fleisch von einem Bio-Bauern in der Eifel stammt. Serviert wird in vier Restaurantbereichen mit den beziehungsreichen Namen „Klostergarten", „Schmandelecker", „Brauselay" und „Oleandergarten", der seine schöne Pracht im Sommer auf der Terrasse entfaltet.

Das erste Hotel Garni mit 29 Betten, das Rudolf Meyer 1978 baute, war eher als Hobby und zweites Standbein gedacht, wurde aber bald zur Passion. Mit tatkräftiger Unterstützung seiner Frau, einer ausgebildeten Diplombetriebswirtin, erweiterte er 1998 das Haus mit einem großzügig ausgestatteten Neubau für 100 Betten und vier Suiten. Die Handschrift der Gastgeberin im stilvollen Ambiente ist unübersehbar. „Sie bringt die Seele ins Haus", so Rudolf Meyer. Viele alte Stücke, auf Versteigerungen oder beim Trödel entdeckt, schmücken die Räumlichkeiten und unterstreichen neben eigenen Töpferarbeiten und kunstvollen Arrangements auf Tischen, Schränken und Kommoden die persönliche Atmosphäre des eleganten Hauses, in dem sich inzwischen viele Stammgäste aus aller Herren Länder treffen.

Auch für die Nachfolge ist gesorgt: Beide Söhne, Oliver und David, werden sich nach erfolgreichem Studium voll im Moselromantik-Hotel engagieren.

Cochem-Sehl

Hechtklößchen auf Sauerampferschaum

Für 2 Personen

Zutaten:
Sauerampferschaum:

100 g Sahne
100 g Creme Double
30 g Sauerampfer
0,1 l Winzersekt
Salz, Pfeffer

Zubereitung:

Sahne aufkochen, mit Creme Double, Salz, Pfeffer leicht einkochen, Sauerampfer dazu und mixen. Vor dem Servieren Sekt dazugeben.

Hechtfarce:

150 g Hechtfilet ohne Haut und Gräten
130 g kalte Sahne
$^1/_2$ Zitrone
$^1/_2$ Eiweiß
Salz, Pfeffer

Zubereitung:

Hecht klein schneiden und ca. 30 Min. kühlen, dann grob mixen, Sahne, Eiweiß, Zitronensaft, Salz, Pfeffer dazu geben und glatt mixen, durch ein Sieb streichen und kühlen. Aus der Farce 4 Nocken streichen und ca. 5-7 Min. in leichtem Salzwasser pochieren. Sauerampferschaum auf 2 Teller geben, Hechtklöße darauf anrichten und mit Sauerampfer garnieren.

Historische Senfmühle

Historische Senfmühle Cochem-Cond

Historische Senfmühle
Wolfgang Steffens GmbH
Stadionstrasse 1
56812 Cochem-Cond
Telefon 0 26 71-60 76 65
Telefax 0 26 71-60 76 67
www.senfmuehle.net

Ganzjährig von 10 bis 18 Uhr geöffnet
Täglich Führungen

Der berühmte griechische Philosoph Pythagoras war der Überzeugung, Senf schärfe den Verstand und trat den Beweis dafür gleich selbst an. Andere im Altertum rühmten die keimtötende und verdauungsfördernde Wirkung der Senfpflanze, die schon seit Jahrtausenden bekannt ist. „Sinapi in der speiss genossen, ist gutt dem magen", heißt es in einer Veröffentlichung von 1563. Pedanius, ein römischer Arzt um 100 n. Chr., schwor auf Einreibungen mit einer Senf-Öl-Mischung bei Rheuma und Bronchitis. Feinschmeckerqualitäten erreichte das Gewürz allerdings erst in Frankreich, wo sich die Stadt Dijon im 13. Jh. das Herstellungsmonopol sicherte und den unentbehrlichen Küchenhelfer noch heute in großen Mengen produziert. Senfmüller Wolfgang Steffens, gleich neben der Moselbrücke in Cochem-Cond, hat mit Massenproduktion freilich nichts zu tun. Er bietet in seiner „Historischen Senfmühle" etwas sehr Seltenes: naturreine, im traditionellen Kaltmahlverfahren hergestellte Gourmet-Senfsorten, bei denen die ätherischen Öle und wertvollen Inhaltsstoffe des Senfkorns vollwertig erhalten bleiben. Unter dem Motto „heiß geliebt und kalt gemahlen" hat er sich mit einer der ältesten Senfmühlen Europas auf historische Rezepturen spezialisiert, von denen eine bis ins Mittelalter reicht. Das Verfahren ist aufwändig, und so bleibt die Tagesproduktion von maximal 360 kg eine rare Delikatesse. Nur mit einer Ausnahmegenehmigung konnte Steffens seinen Beruf in die Handwerksrolle eintragen lassen, denn es gibt ihn eigentlich gar nicht mehr. „Damit bin ich der letzte und einzige Senfmüller in Rheinland-Pfalz", meint er stolz. Der gelernte Dreher und Schlosser hatte schon immer ein Faible für Historisches. 1997 entdeckte er durch einen glücklichen Zufall die alte Senfmühle aus dem Jahr 1810 und restaurierte sie mit viel Zeit und Mühe zusammen mit einem Schlossermeister. Zwei Jahre später begann er in Birgel in der Vulkaneifel mit der Produktion und verlegte sie 2001 in Cochems ältestes Winzerhaus an der Mosel – es passte räumlich und vom Ambiente her ideal für seine ungewöhnliche Passion.

In Cochem gilt die „Historische Senfmühle" inzwischen als Touristen-Attraktion. Mehrmals täglich demonstriert Steffens die uralte Herstellungsweise des bekömmlichen Gewürzes – vom Ausmahlen der gelben und braunen Senfsaaten zu Senfmehl, über die mit Essig, Salz und anderen Gewürzen angesetzte Maische bis zum fertigen Produkt. 525 Kilo schwere Basalt-Lava-Steine, angetrieben von ledernen Treibriemen, sorgen für die optimale Verbindung des ölhaltigen Senfmehls mit den flüssigen Bestandteilen. Während der Öffnungszeiten können die originellen Mischungen kostenlos durchprobiert werden: Wabensenf (mit Honig), Knobi-Senf, Cayenne-Senf, Indisch-Curry-Senf, Historischer Senf (Original Rezept von 1820) oder Mühlensenf, mit dem schon die Mönche im 15. Jh. ihre Speisen verfeinerten. Den Riesling-Senf kreierte Steffens als Dank an die Stadt Cochem, die ihn bei seinem Vorhaben vorbildlich unterstützte. Abgefüllt sind die Spezialitäten – ohne Konservierungsstoffe oder künstliche Aromen – in eigens dafür angefertigten, glasierten Steinzeugtöpfen oder -tassen. Sie schützen das Naturprodukt optimal vor Licht, Luft und Wärme und bleiben nach Gebrauch eine vielseitig verwendbare Zierde in der Küche. Dass Senf nicht nur zu Würstchen passt, sondern Fisch-, Fleisch-, Wild- und Geflügelgerichten einen raffiniert-delikaten Geschmack verleiht, beweisen die 180 Rezepte, die Steffens mit WDR-Fernsehkoch Horst Lichter in einem Senfkochbuch zusammengestellt hat. Neueste Kreation: „Senfmüllers feiner Tropfen", hergestellt nach einem alten Rezept aus dem Schnaps-Museum in Enkirch, sowie der „Senf-Kräuter-Likör". Beides überrascht mit Geschmacksnuancen, die man der Pflanze mit dem schönen Namen „Sinapis" gar nicht zugetraut hätte.

Hotel-Restaurant Weinstuben Hieronimi

**Hotel-Restaurant
Weinstuben Hieronimi**

Uferstraße 14 - 15
56812 Cochem-Cond
Telefon 0 26 71-72 71
Telefax 0 26 71-9 11 63
www.weinstuben-hieronimi.de

Zu Beginn des neuen Jahrtausends fassten Hermine und Franz-Peter Fuhrmann einen mutigen Entschluss. Die Winzerfamilie aus dem nahen Ellenz, die bisher dort eine Straußwirtschaft mit einigen Privatzimmern betrieb, übernahm das renovierungsbedürftige Hotel Weinstuben Hieronimi in Cochem-Cond. Das rund 200 Jahre alte Gebäude, einst als Weinhandelshaus mit einem riesigen Gewölbekeller errichtet, war zuletzt als Hotel Garni geführt worden und brauchte dringend eine Generalüberholung. Mit viel Eifer und Engagement machte sich die ganze Familie – fünf Kinder helfen inzwischen tüchtig mit – an die neue Aufgabe. Man legte das schöne Bruchsteinmauerwerk mit den alten Balken frei, setzte antike Türen ein, möblierte und dekorierte mit einem Interieur, das ein wenig an Ritterkultur und Ratsherrenstil erinnert. Gestapelte Holzfässer, Weinpressen und andere liebevoll gesammelte Utensilien

aus dem Winzerhandwerk passen zu den neuen Besitzern, aber auch zur langen Weinbautradition der kurtrierischen Amts- und Zollstadt. Innerhalb eines Jahres verwandelte sich so das ehemals biedere Traditionshotel in ein stilvolles Haus mit eigener Note und mehreren individuell eingerichteten Gasträumen.
Das einladende Domizil könnte nicht glücklicher gelegen sein. Auf der „ruhigen" Seite des Flusses, fast direkt am Wasser, gibt es aus nahezu allen Fenstern den Blick frei auf die stolze Reichsburg, die reizvolle Kulisse der Stadt und die gegenüberliegende gepflegte Moselpromenade. Abseits vom Trubel der Touristenströme hat man dennoch das pulsierende Leben der Stadt ständig vis-a-vis, ist in wenigen Minuten mitten in der Altstadt, an der Schiffsanlegestelle oder der Sesselbahn zum Märchen- und Wildpark auf dem Pinnerberg. Im Sommer sitzen die Gäste am

liebsten auf der blumengeschmückten, geräumigen Sonnenterrasse und genießen neben dem herrlichen Panorama und den vorbeigleitenden Schiffen die Koch-, Back- und Kellerkünste der Gastgeber. Schon so mancher, der hier nur vorbeispazierte, ließ sich von dem schönen Platz verlocken, blieb beim Wein oder einem deftigen Schinkenbrett hocken und logierte sich dann vollends ein.
Die Familie Fuhrmann hält es in ihrem Hotel wie daheim mit ihren Feriengästen: gemütlich, zwanglos, menschlich muss es zugehen. „Die persönliche Atmosphäre ist wichtig“, weiß Frau Fuhrmann und kümmert sich am liebsten selbst um jeden Gast. Etwas vom Geist moselaner Gastfreundschaft weht so durchs ganze Haus und bewirkt, dass Alt und Jung, Groß und Klein sich sofort wohlfühlen. Aus der Küche kommt viel Herzhaftes wie die beliebte „Winzerpfanne“ mit Bratkartoffeln, Sauerkraut, Leber- und Blutwurst und rustikale Vesper in allen Variationen. Auch Gerichte wie die „Fischtrilogie“, gefüllte Wildente oder das beliebte „Mosella-Steak“ mit karamellisierten Trauben finden sich auf der Karte. Kurzum, hier wählt jeder nach Lust und Laune, und wie im Weingut ist auch der herzlich willkommen, der sich nur durch die Vielfalt der hauseigenen Weine durchkosten will.

Mosella-Steak

Zutaten:

4 Schweinelendensteaks
ca. 800 g Trauben
trockener Riesling
Sahne
Bratensaft
Salz, Pfeffer, Zucker
Butter zum Braten

Zubereitung:

Steaks mit Salz und Pfeffer würzen und hell anbraten. Etwas Zucker in Butter schmelzen und pro Portion eine Handvoll Trauben darin glacieren, mit Riesling ablöschen und etwas Sahne verfeinern. Steaks mit Bratensaft auf den Tellern anrichten und die Riesling-Traubensoße darüber geben. Dazu gibt in den Weinstuben Hieronimi Kroketten und frischen Salat.

Hotel Restaurant Ostermann

Hotel Restaurant
Ostermann

Lützbach
56253 Treis-Karden
Telefon 0 26 72-1 23 89
Telefax 0 26 72-77 89

Geöffnet: Ganzjährig

Wer die B 49 auf der rechten Flussseite von Treis in Richtung Koblenz fährt, kann das Hotel Ostermann nicht verpassen. Das stattliche Anwesen liegt außerhalb des Ortes direkt an der Abzweigung ins idyllische Lützbachtal. Hier sind Kurz- und Langzeiturlauber, Wanderer, Radler und vor allem auch Familien mit Kindern willkommen. Das gastliche Haus mit 58 Betten hat ein beheiztes Schwimmbad, Sauna, Solarium und einen großen Kinderspielplatz am Waldrand für die kleinen Moselgäste. Die Atmosphäre ist familiär und ungezwungen. Dafür sorgen die Geschwister Sabine und Markus Ostermann, die das Hotel heute in der dritten Generation führen.
Die rührige Hausherrin kümmert sich als gelernte Hotelkauffrau um die Gäste und den Service, für das leibliche Wohl sorgt ihr Bruder. Der gelernte Koch ging früher gern auf Reisen und sammelte Berufserfahrung in der Schweiz, in Kuwait, Australien und auf der MS Europa. Eine seiner Spezialitäten sind Wildgerichte, für die der Vater in der eignen Jagd Hirsche, Rehe, Wildschweine und Hasen aufs Korn nimmt. Auch fangfrische Regenbogen-Forellen, Mosel-Zander und Mosel-Aal werden bei Ostermanns vortrefflich zubereitet. Für den kleinen Hunger findet sich eine große Auswahl an warmen und kalten ländlichen Gerichten, von marktfrischen Salatvariationen und überbackenen Aufläufen bis zum Apfelpfannkuchen nach Oma's Rezept, der nicht nur bei kleinen Süßmäulern sehr beliebt ist. Vom Restaurant aus genießt man einen herrlichen Panoramablick auf die Mosel, die gegenüber liegenden Weinberge

von Müden und das satte Grün der Hunsrückwälder.
Mit Ausnahme von Tagungsgästen, für die gut ausgestattete Konferenzräume bereit stehen, beherbergt das Haus ausschließlich Individualreisende. 60 Prozent davon sind Stammgäste, wie Sabine Ostermann nicht ohne Stolz bemerkt. „Die Gäste sollen sich hier einfach wohl fühlen, die Natur und die Sehenswürdigkeiten genießen". Und davon gibt es genug, denn das Hotel ist idealer Ausgangspunkt für sportliche Touren und Besichtigungsprogramme. Cochem liegt ganz in der Nähe und Karden mit seinem berühmten „Castor-Dom". Burg Eltz und Burg Pyrmont sind schnell erreicht, Schiffsausflüge moselauf- und moselabwärts locken. Eine besondere Attraktion ist der Schieferstollen „Charlotte" im nahen Flaumbachtal. Aufgrund zweier Ausgänge kommt eine intensive Luftzirkulation zustande, bei der die feuchten Stollenwände sämtliche Schmutzpartikel absorbieren. In der 150 m tief im Berg gelegenen Besucherhalle atmet man deshalb völlig staubfreie Luft. Ein Labsal für Menschen mit Allergien und Atemwegserkrankungen, aber auch für Gesunde eine wohltuende Erfahrung.

MOSELAAL „GRÜN"

Zutaten:

ca. 1 kg Moselaal
ca. 0,5 l Weißwein
2 Lorbeerblätter
einige Wacholderbeeren
1 Bund frischer Dill
1 kleine Zwiebel
Mehl
etwas Milch
etwas Fischfond
geschlagene Sahne
Butter zum Braten
Salz

Zubereitung:

Aal in ca. 5 cm lange Stücke schneiden, im Fond (bestehend aus Weißwein, Salz, Lorbeerblatt, Wacholderbeeren, frischem Dill) ca. 10 Min. pochieren.

Dillsauce:

Gehackte Zwiebel in Butter andünsten, mit Mehl bestäuben und je nach gewünschter Menge mit Milch und Fischfond auffüllen, zuletzt geschlagene Sahne und Dillspitzen zugeben und abschmecken. Die Aalstücke mit der cremigen Sauce anrichten.

Die Terrassenmosel

Terrassen bei Kobern-Gondorf

Burg Eltz

Hinter Cochem ändert die Mosel ihr Gesicht und gleicht Lauf und Temperament immer mehr ihrem Ziel, dem Rhein an. Doch an Attraktion verliert sie nichts. Die wildromantischen Bachtäler aus Eifel und Hunsrück, die stimmungsvollen, herrlich gelegenen Burgen und Winzerorte begleiten den Strom weiter, der sich jetzt sanfter windet und breiter wird. Inseln bilden sich, z.B. vor Hatzenport, wo Camper und Bootsfahrer ihr Revier haben, oder zwischen Kattenes und der Staustufe Lehmen, wo die kleine Reiherinsel seltenen Vogelarten Zuflucht bietet.

Hier findet man das eigentliche „Rittertal" der an Burgen wahrlich nicht armen Mosel. Die schönste und meistbesuchte in ganz Deutschland ist unbestritten Burg Eltz, das Urbild mittelalterlichen Burgenzaubers. Von Moselkern aus führt uns eine bequeme, einstündige Wanderung durch das reizvolle Elzbachtal zu ihren türmchen- und erkergeschmückten Mauern, die auf einem Felsrücken mitten im Grün der Wälder wie ein Traumgebilde in die Höhe ragen. Diese unvergleichliche Märchenburg, deren Ursprung in das 12. Jh. zurückreicht, hat wie durch ein Wunder unversehrt alle Stürme der Zeit überstanden und neben kostbarem Interieur feudaler Wohnkultur auch eine reichbestückte Schatzkammer bewahren können.

Eine andere imposante Burg beherrscht das malerische Alken: die Doppelburg Thurant. Ihren abenteuerlichen Namen verdankt sie der Festung Thuron in Syrien, die von ihrem Erbauer, dem Pfalzgrafen Heinrich, und anderen Kreuzfahrern unter Friedrich Barbarossa vergeblich bestürmt wurde. Thurant ist die einzige Burg an der Mosel mit zwei Türmen und darum rankt sich eine besonders moseltypische Geschichte. Im 13. Jh. herrschte der Pfälzer Graf Zorno in ihren Mauern und machte sich durch seine dreisten Überfälle auf betuchte Moselreisende, die er ins Burgverlies warf, um Lösegeld zu erpressen, gleich zwei Erzbischöfe zu Feinden. Gemeinsam belagerten die kurtrierischen und kurkölnischen Waffenbrüder die Burg, die zwei Jahre lang standhielt. Die Angreifer leerten in der Zwischenzeit sämtliche Fässer im Land, derer sie habhaft werden konnten, und das waren nicht wenige. „Die Kölner endlich stürmten / die Keller, die seit manchem Jahr / manch Fuderfass beschirmten, / und alle Fuder, die man fand, / die rollte man auf Burg Thurand," dichtet Karl Kramer. Dieser Anblick soll die Verteidiger, die selbst von schalem Brunnenwasser lebten, so demoralisiert haben, dass sie kapitulierten. Ihre Bedingung: freier Abzug und ein Fuder Wein,

Die Stammsitze der Herren von Kobern

Doppelburg Thurant

was man großzügig gewährte. Die Burg wurde zwischen Trier und Köln brüderlich geteilt, wobei jede Partei ihr Tor und ihren eigenen Bergfried bekam.
Zwischen Kobern-Gondorf und Winningen, dort wo die Autobahnbrücke in 136 m Höhe das Tal überspannt, zieht die Mosel ihren letzten Bogen nach Süden und ermöglicht dadurch noch einmal ein Weinparadies der Superlative. „Selbst wo am obersten Grat der Hang schon zum Himmelsrand aufstrebt, zeigt sich die Grenzmark des Flusses mit grünen Reben bewachsen ...“, schwärmt Ausonius und vergleicht diese Landschaft, die vielfach auch das Bild der mittleren Mosel bestimmt, mit einem natürlichen Amphitheater. Vielleicht hatte er dabei gerade den Winninger oder Kobern-Gondorfer „Uhlen“ im Blick, dessen bis zu 75 % steile Südhänge fast senkrecht emporzuwachsen scheinen. Jedes zugängliche Fleckchen, und sei es auch noch so winzig, trägt ein paar Weinstöcke. Bis zu zwanzig Terrassenstufen steigen ineinander verschachtelt empor, gehalten von natürlichen oder künstlichen Mauern und befestigt mit kleinen Treppchen. Dazwischen waghalsig angelegte Pfade, die einen schon beim Hochsehen schwindlig werden lassen. Hier reifen in subtropischem Mikroklima nicht nur großartige Riesling-Qualitäten. Auch zahlreiche, vom Aussterben bedrohte Pflanzen und Tiere fühlen sich auf den oft jahrhundertealten Terrassen der unteren Mosel wohl.
Generationen von Winzern haben hier in unablässiger, mühsamer Arbeit eine großartige Kulturlandschaft geschaffen und Jahr für Jahr aufs Neue gegen das Chaos verteidigt. Dem Reichtum der vorzüglichen Weinlagen entspricht der an historischen Bauten, besonders in Kobern-Gondorf. Das Haus Simonis in Kobern aus dem Jahr 1321 gilt als das älteste original erhaltene Fachwerkhaus an der Mosel. Auf der Höhe thronen stufenförmig die beiden Stammsitze der Herren von Kobern sowie die Matthiaskapelle aus dem 13. Jh., die zu den schönsten romanischen Baudenkmälern des Rheinlandes zählt. Sie beherbergte einst als kostbare Reliquie den Kopf des Apostels Matthias, den Kreuzritter Heinrich II. von Isenburg-Kobern aus Ägypten mitgebracht haben soll. Gondorf ist so burgenreich, dass sogar der Verkehr durch ein ehemaliges Wasserschlösschen rauscht – nicht unbedingt ein Ruhmesblatt sensibler Straßenplanung. Doch der Ort hat so viel reizvolle Sehenswürdigkeiten, dass man das stillose Doppeltor für die modernen Pferdestärken rasch vergisst.

Weingut Leo Fuchs

Weingut Leo Fuchs

Hauptstrasse 3
56829 Pommern
Telefon 0 26 72 - 13 26
Telefax 0 26 72 - 13 36
E-Mail leo-fuchs@t-online.de
www.leo-fuchs.de

Pomaria – Obstgarten – nannten die Römer den kleinen Ort an der Terrassenmosel, wo einst ungezählte Apfelbäume blühten. Doch auch der Weinbau hat hier eine lange Tradition, denn die Lage Pommerns ist wie geschaffen dafür. Auf etwa sieben Kilometern fließt die Mosel im Anschluss an den Cochemer Krampen genau von West nach Ost und schafft so die begehrten Südhanglagen, auf denen sich früher zahlreiche Klöster ihre Weinrechte und dem Dörfchen einen gewissen Wohlstand sicherten. Neben der Kirche schmückt das älteste und schönste Pfarrhaus im Bistum das Ortsbild – einst Hofhaus der Abtei Himmerod.

Nicht weit davon steht das Winzerhaus der Familie Fuchs, eines der traditionsreichsten Weingüter in Pommern. In den 20er Jahren führte hier die energische Großmutter Margarethe, Witwe von Josef-Jakob Fuchs, das Regiment. Weil sie sich darüber ärgerte, dass ihr guter und auch gut bezahlter Fasswein nur selten den Namen Pommerns auf der Flasche trug, entschied sie mutig, künftig die Weine im Weingut selbst abzufüllen und zu vermarkten. Das war durchaus unüblich, doch sie hatte Erfolg. Ihre rassigen Rieslingweine gewannen bereits in den 30er Jahren mehrere Staatsehrenpreise, und viele ihrer guten Kontakte zu Handel, Gastronomie und Verbrauchern werden

noch heute in der zweiten und dritten Generation gepflegt. Ihr Bildnis nebst Brautkranz hat jetzt einen Ehrenplatz in der schmucken Ahnenreihe, deren Wurzeln sich bis ins 16. Jh. zurückverfolgen lassen.
Seit 1973 leitet Winzermeister Bruno Fuchs, jüngster Spross von Leo Fuchs, den Betrieb und stieg inzwischen in die Riege der 400 besten Winzer Deutschlands auf. Seine Frau Brunhilde, ausgebildete Kunsterzieherin, hilft neben ihrem Beruf nach Kräften mit und kümmert sich dabei auch um die Gestaltung der Flaschen, deren Etikett mit dem listig versteckten Namen „Leo Fuchs" sie selbst entworfen hat. Die vielen Preise und Ehrungen freilich holte sich der vollmundig-feinwürzige Inhalt. Die Familie freute sich 2000 über den Staatsehrenpreis und befand sich ein Jahr später beim Wettbewerb „Deutscher Riesling-Erzeuger-Preis" unter den besten 70 Betrieben im Land. Das Weingut fand Aufnahme im „Gault Millau", im Magazin „Der Feinschmecker" und im Führer „Deutsche Weine" von Eichelmann und gehörte 2001 unter anderem zu den Siegern „Bester Sommerwein" der Deutschen Weinsiegel GmbH. Kurzum: Anders als der Fabel-Fuchs kommt der Winzer mit dem gleichen Namen an die süßesten Trauben in seinen Steillagen und damit an vorzüglichen Wein.
Wie erreicht man so viel Anerkennung? „Indem man nie zufrieden ist mit dem Erreichten", so Bruno Fuchs. Der passionierte Winzer nimmt konsequent an allen Wettbewerben teil, amtiert selbst als Gutachter – z.B. bei der Bundesweinprämierung -, prüft, vergleicht, tauscht sich aus und lernt dadurch ständig zu. Seine zweite Maxime lautet: „Mit der Natur arbeiten", was an der Mosel auch heißt, konsequent Riesling zu favorisieren. Die „helle, klare Frucht", so seine Umschreibung, komme nirgends auf der Welt so schön zum Ausdruck wie hier - vorausgesetzt man achtet auf moderate Mengen, optimale Traubenreife und behutsame Kellerwirtschaft. Vom Rotwein-Anbau an der Mosel hält er dagegen nicht viel. „Clemens Wenzeslaus wusste schon seinerzeit, warum er den verbot!"
Mit besonderem Engagement setzt sich Bruno Fuchs für die Qualitätsoffensive im Rahmen des noch jungen Wettbewerbs „Der beste Schoppen" ein, bei dem sich Gastronom und Winzer gleichermaßen empfehlen. Das Ziel ist klar: Im Gegensatz zu oft dubiosen Ausschankweinen, mit denen geschäftstüchtige Wirte Ortsunkundige verschrecken, soll die neue Generation der Schoppen eine überzeugende Visitenkarte für die regionalen Gewächse sein – frischfruchtig, finessenreich und elegant. „Das erste Glas muss schmecken, und oft sind es die Schoppenweine, die die Herzen der Gäste für den Wein ... erschließen," so Christa Klaß, Mitglied des Europarlaments, zum Wettbewerb. Das Weingut Leo Fuchs gewann 2001 in gleich zwei von insgesamt fünf Schoppenkategorien: mit einem 2000er Rivaner trocken sowie einem 2000er Riesling trocken von dem berühmten Grauen Schiefer.

Brennerei Vallendar

Brennerei Vallendar

Hauptstraße 11
56829 Kail
Telefon 0 26 72-25 32
Telefax 0 26 72-75 03
E-Mail info@vallendar.de
www.vallendar.de

Europas bester Williamsbrand kommt von der Mosel, verkündete die Fachpresse 1998. Hubertus Vallendar hatte bei einer Verkostung des Magazins „Der Feinschmecker" die gesamte internationale Konkurrenz auf die Plätze verwiesen. Dem erfolgreichen Brenner aus dem Weindorf Pommern, der nach dem Jahrhunderthochwasser 1993 ins höher gelegene Kail zog, wird die beste „Schnaps-Nase" an der Mosel nachgesagt. Er machte den kleinen Eifelort inzwischen zu einem Mekka für Liebhaber hochprozentiger Flaschengeister. Doch nichts Mystisches, Geheimnisvolles umgibt seine moderne Verschlussbrennerei. Vallendar liebt Klarheit, Berechenbarkeit und Perfektion. Ihn fasziniert in erster Linie die Technik des Brennens. Experimentieren, neue Ideen entwickeln und sofort umsetzen – das macht ihm Spaß. Gemeinsam mit anderen Spitzenbrennern engagiert er sich für ein höheres Niveau der deutschen Obstbrände, betreibt leidenschaftlich das Comeback des heimischen Weinbergpfirsich und sinnt bei seinen Bränden ständig auf Neues: Destillate aus Erdbeeren, Kiwi oder Bananen. Selbst einen Eisweintrester hat er schon probiert. Seine Brennkessel konstruiert er

selbst und auch solche für andere Unternehmen. Sogar eine Software wurde ausgetüftelt, die jeden Brennverlauf steuert und dokumentiert.
Ohne eine feine Nase freilich geht nichts. Sie hat ihm der Vater vererbt, der neben dem Weinbau eine kleine Brennerei betrieb. „Er war ein begnadeter Sensoriker", erinnert sich Vallendar. Er selbst begann seine Karriere mit einer Schreiner- und Kaufmannslehre. Als er 1987 das Brennrecht der Eltern in Pommern übernahm, konzentrierte er sich vor allem auf die technisch-physikalischen Abläufe beim Destillieren. Je ausgefeilter die Brenntechnik wurde, um so besser gerieten ihm die Brände und erreichten bald die europäische Spitze. Viele Jahre leitete Vallendar die Verkostung bei der internationalen Fachmesse „Destillata", die er selbst mit aufbaute und zu seinen schönsten Erfolgen zählt. Heute bildet er u.a. Sommeliers aus, die bei allem Weinverstand bisher meist wenig über Hochprozentiges zu sagen wissen.
In Kail erwartet die Besucher eine der modernsten Brennereien Europas – licht, weiträumig und technisch perfekt. Herzstück bildet der von Glas umschlossene

Brennraum mit blankem Edelstahl, wo man zuschauen kann, wie sich der klare, fruchtige Edelbrand verflüssigt. Die mit Reinzuchthefen vergärte Maische gelangt durch ein unterirdisches Rohrsystem direkt in den Kessel. Im Unterschied zu einem „Geist", bei dem nach Belieben Alkohol hinzugefügt werden kann, kommt beim „Brand" der gesamte Alkohol aus dem Obst selbst. Für drei Liter Himbeerbrand z.B. verarbeitet Vallendar etwa 120 kg Himbeeren – vollreif und von bester Qualität. Die Früchte werden langsam und schonend erhitzt, damit die köstlichen Aromen erhalten bleiben. Doch trotz Computertechnik und Automation – Auge und Nase des Fachmanns begleiten wachsam jede Phase des Prozesses. Den richtigen Zeitpunkt zur Abtrennung des scharfen Vor- und Nachlaufs bestimmt er lieber selbst. Schließlich gleicht keine Charge exakt der anderen. „Je besser das Obst, desto besser das Endprodukt", so der erfahrene Brenner. Seine Mirabellen reifen

in Lothringen, die Williams Birnen im Rhonetal. Himbeeren und Brombeeren kommen aus Rumänien, Bananen aus Indien. Doch auch heimische Früchte wie Quitten, Kirschen, Äpfel, Zwetschgen und natürlich den Rieslingtrester verwandelt Vallendar in verführerisch duftende, samtig-weiche Elixiere. Besonders angetan hat es ihm der Weinbergpfirsich. Seit Jahren experimentiert er mit dieser Spezialität, um das unvergleichliche Aroma der Früchte aufs Feinste zum Ausdruck zu bringen. „Bei Norditalien denkt man an Grappa, bei der Wachau an Marillen, warum sollte der Weinbergpfirsich nicht für die Terrassenmosel stehen?"

Sein Äußeres ist eher unscheinbar. Doch unter der pelzig-grauen Schale liegt eine köstliche Delikatesse verborgen: rubinrotes, saftiges Pfirsichfleisch mit verführerischem Mandelaroma. Der rote Weinbergpfirsich fühlt sich dort am wohlsten, wo auch der beste Riesling wächst, in den Steilhängen der Terrassenmosel. Doch er ist selten geworden. Ausdehnung der Dörfer, Flurbereinigungsmaßnahmen, Monokultur- und Brachflächen haben das Landschaftsbild, das noch bis in die 60er Jahre von zahlreichen Obstbäumen aufgelockert wurde, verändert und ihres ursprünglichen Reichtums beraubt.

Dem wollen zwei engagierte Moselaner, Hubertus Vallendar aus Pommern und Reinhard Löwenstein aus Winningen, entgegenwirken. Sie haben vor ein paar Jahren die „Arbeitsgemeinschaft roter Weinbergpfirsich" ins Leben gerufen, um die traditionsreichen Obstbäumchen im Kampf gegen Brachflächen und Verbuschung einzusetzen und so zum Erhalt dieser tausendjährigen Kulturlandschaft aktiv beizutragen. Der Erfolg ist schon jetzt zu beobachten. Wo noch vor kurzem Wildnis verwaiste Rebflächen bedrohte und Trockenmauern zerfielen, beleben jetzt im Frühling wieder die leuchtend-rosa Farbtupfer der Pfirsichblüten die gepflegten Schieferterrassen. Über 5 000 Bäume zwischen Zell und Winningen sind schon gesetzt. Und es sollen noch mehr werden.

Der Weinbergpfirsich hat seine ursprüngliche Heimat in China. Verschiedene Sorten werden dort schon 2 200 v. Chr. unter der Bezeichnung „Sing" geführt. Über Vorderasien verbreiteten sich die Früchte später nach Persien, wo sie den Römern so gut schmeckten, dass sie den „Perserapfel" nach Italien, Südfrankreich und bald auch an den Limes mitnahmen. In der Saalburg im Taunus entdeckten Forscher Pfirsichkerne aus der Zeit um 120 n. Chr. Im Mittelalter erwähnt Albertus Magnus die wohlschmeckende Frucht als „persicum", und auch die heilige Hildegard von Bingen wusste ihr herrliches Aroma zu schätzen.

Die Sorte „roter Weinbergpfirsich" wird erstmals im 16. Jh. erwähnt. Die kleinwüchsigen Bäume lieben die trocken-heiße Wärme steiniger Böden und die Nachbarschaft der Reben im Steillagenbiotop. Sie leben hier mit zahlreichen bedrohten Pflanzen und Tieren zusammen, die an der Terrassenmosel eine ökologische Nische gefunden haben und sonst nur im Mittelmeerraum zu entdecken sind. Dazu zählen u.a. Goldaster, Diptam, Felsengoldstern, Buchsbaum, Felsenahorn, Felsenkirsche, Küchenschelle und die Weiße Fetthenne, auf der sich gern die Raupen des berühmten Apollofalters aufhalten, der ebenfalls aus dem Süden kommt und zu den schönsten Schmetterlingen der Welt zählt. Die Mosel-Rarität mit den prächtigen rotschwarzen Augenflecken, die sich nur an vier Orten nördlich der Alpen findet, wurde als einzige nichttropische Schmetterlingsart in das Washingtoner Artenschutzabkommen aufgenommen. Auch die grün-irisierende Smaragdeidechse, der seltene Segelfalter und die ebenso rare Zippammer tummeln sich in diesem Lebensraum, der ohne Kultivierung überwuchert und untergeht.

In dem natürlich gewachsenen, noch „heilen" Umfeld hat der rote Weinbergpfirsich seinen idealen Platz. Wenn die Sonne am heißesten scheint, im August, reifen die herb-süßen Weinbergpfirsiche zu einem Gaumenschmaus, der sich auf köstliche Weise variieren lässt – zum Beispiel als fruchtig-pikanter Kuchenbelag, erfrischendes Dessert oder würzige Marmelade. Am intensivsten lässt sich die Seele dieser delikaten Frucht als Likör oder Edelbrand erleben, wenn sich der feine Mandelton und aromatische Fruchtgeschmack optimal entfalten und „vergeistigen" können. Den Likör kredenzt man gern mit einem traditionell vergorenem Riesling Sekt – als Kir Royal der Mosel.

TURM-GASTHAUS BURG THURANT

TURM-GASTHAUS
BURG THURANT

MOSELSTRASSE 15
56332 ALKEN
TELEFON 0 26 05-35 81
TELEFAX 0 26 05-21 52
WWW.ALKEN.DE

GEÖFFNET:
AUSSER FEBRUAR GANZJÄHRIG,
MONTAG RUHETAG

Wenn ein malerisches Moseldorf, ein jahrhundertealtes Gemäuer und ein talentierter Koch zusammenkommen, gerät jeder Gourmet mit Sinn für historische Reminiszenzen ins Schwärmen. Alken und seine doppeltürmige Burganlage sollte man deshalb bei keiner Schlemmerreise auslassen. Zum Restaurant „Burg Thurant" braucht man allerdings nicht auf den Berg. Es liegt direkt an der reizvollen Moselfront des romantischen Ortes. Den Weg weist der mächtige Zoll- und Fährturm aus dem 14. Jh. mit dem angebauten alten Natursteinhaus. Hier kocht Peter Kopowski, gebürtiger Moselaner, Meister seines Faches und Lokalpatriot. Er weiß, dass Essen und Trinken nicht nur Leib und Seele zusammenhält, sondern auch als Visitenkarte die Region repräsentiert. Und so strahlt das traditionsreiche Turm-Gasthaus als Glanzlicht in der Küchenszene der unteren Mosel.

Innen geht es urig zu. Der Gast sitzt bei Kerzenlicht an schweren, dunklen Holztischen, umgeben von Schieferwänden und Bruchsteinmauern. An kühlen Tagen knistert ein gemütliches Feuer im offenen Kamin. Nur ein paar Stufen sind es bis ins „Turmstübchen", das eine ebenso überraschende wie seltene Moselperspektive durch die Schießscharten des meterdicken Mauerwerks bietet. Das Gasthaus, das auch über ein paar hübsche, rustikale Gästezimmer verfügt, diente einst als Halfenstation. Über Jahrhunderte kehrten hier Treidelknechte ein, Männer, welche die Schiffe mit Hilfe von Pferden stromaufwärts zogen. Wo heute im Küchentrakt Töpfe und Pfannen klappern, befanden sich die Stallungen. Eine Koblenzer Familie verliebte sich in das traditionsreiche Anwesen, restaurierte es stilvoll und baute es samt Turm zum Restaurant um. Peter Kopowski hatte damals gerade sieben „Wanderjahre“ hinter sich, z.B. in so renommierten Häusern wie dem „Seehotel Überfahrt“ in Rottach-Egern und dem „Wasserschloss Hugenpoet“ in Essen-Kettwig. Er übernahm das Haus 1984 und machte es inzwischen auch als Gast zahlreicher Fernsehsendungen und Mitautor mehrerer Kochbücher bundesweit bekannt. Seine Küche beschreibt der Gastgeber bescheiden als mosselländisch-regional, und auch bei der Speisekarte neigt er eher zum Understatement. Wichtiger als blumige Umschreibungen ist ihm die Qualität. Verschwenderisch geht der passionierte Koch mit frischen Kräutern und Gemüse um. Raffiniert verfeinerte Fleisch- und Fischgerichte mit dem, was Wasser, Wald und Wiesen in der Nähe hergeben, dominieren. Ob Sauerampfersüppchen, Gemüseratatouille, Kräutercrepes, mit Gartenlauch gefüllte Schweinefilets, Steinpilzflan, Schnittlauchsabayon oder Aalterrine – bei allem, was die Küche verlässt, bleibt der ursprüngliche Eigengeschmack erhalten und wird gerade dadurch neu entdeckt. Selbst als Kopowski jüngst die Residenz der deutschen Botschaft in Kapstadt „bekochte“,

brachte er Moselaal, Entenbrust und andere heimische Spezialitäten im Handgepäck nach Südafrika mit. Auch beim Wein trifft das Haus eine überzeugende Wahl. Von den 100 ausgesuchten Kreszenzen der Karte serviert der freundliche Service 15 im offenen Ausschank – schließlich zählte das Turm-Gasthaus 2001 zu den Gewinnern im Mosel-Wettbewerb „Der beste Schoppen“.

Alken

Maifelder Entenbrust

Zutaten:

Fond:

Knochen der ausgelösten Entenbrüste
2 Möhren, 50 g Sellerie,
1/2 Lauchstange, 1 Zwiebel
2 EL Öl, 1 EL Tomatenmark
1 fein gehackte Knoblauchzehe
1 TL Wacholderbeeren
1 Lorbeerblatt, 1 Nelke
1 TL Pfefferkörner

Entenbrüste:

4 ausgelöste Entenbrüste
2 EL Öl, 2 cl trockener Weißwein
100 g Brombeeren
1 EL Cognac, 1 EL Brombeergeist
1 EL Butter, Salz, Pfeffer
1 Handvoll Wildkräuter (z.B. Weinraute, Melisse, Kapuziner-Blüte)
8 gleichmäßig große Brombeeren

Zubereitung:

Knochen fein hacken und mit dem gewürfeltem Gemüse in Öl rösten, mit wenig Wasser ablöschen und einkochen. Vorgang zweimal wiederholen. Noch einmal kurz rösten, Tomatenmark, Knoblauch und Gewürze dazu geben, anrösten, mit Wasser bedecken und ca. 1 Std. kochen, passieren und auf die Hälfte einkochen lassen.
Backofen auf 220° C vorheizen. Entenbrüste salzen, pfeffern, beiderseitig in Öl kräftig anbraten, mit der Hautseite unten im Ofen in ca. 8 Min. rosa braten. Brombeeren passieren. Fleisch herausnehmen, Bratensaft mit Weißwein ablöschen, Fond und Brombeerpüree dazu geben, mit Cognac und Brombeergeist abschmecken und Butter unterschlagen. Das Gericht mit Wildkräutern und Brombeeren garnieren, glasierte Zuckerschoten und gebratene Kartoffeln mit Majoran dazu reichen.

Weingut Freiherr von Schleinitz

Weingut
Freiherr von Schleinitz

Kirchstraße 17
56330 Kobern-Gondorf
Telefon 0 26 07-97 20 20
Telefax 0 26 07-97 20 22
E-Mail Weingut@vonschleinitz.com
www.vonschleinitz.com

Kobern hat viele Sehenswürdigkeiten. Eine davon ist das älteste Fachwerkhaus Deutschlands, der frühere Abteihof des Trierer Stifts St. Marien aus dem Jahr 1321 in der Kirchstraße 1. Nur ein paar Häuser weiter findet man das Weingut Freiherr von Schleinitz. Der Familienbetrieb, der über hundert Jahre im Ort besteht und heute in der vierten Generation von Weinbauingenieur Konrad Hähn geführt wird, steuert seit langem auf Erfolgskurs. Aus dem anfänglich nur 1 ha großen Gut wurde inzwischen ein moderner Betrieb mit 7 ha Rebfläche, dessen Weine in allen wichtigen Weinführern empfohlen werden. Neben den Top-Lagen schuf konsequente Qualitätsphilosophie die Grundlage dafür.

Die Weinberge um Kobern-Gondorf liegen bereits innerhalb der Koblenzer Wärmeinsel. Hier klettern die Temperaturen im Jahresdurchschnitt immer etwas höher als im mittleren und oberen Verlauf der Mosel. Auf

den wärmespeichernden Schieferterrassen mit ihren extremen Steigungen entsteht ein fast subtropisches Mikroklima, in dem nicht nur der Wein hervorragend gedeiht, sondern auch seltene Pflanzen und Tiere ihren Lebensraum finden. Für Konrad Hähn, der seine Reben ausschließlich auf Steilterrassen wie Koberner Uhlen, Weisenberg oder Schlossberg zieht, bedeutet das zeitraubende Handarbeit und aufwändige Pflege – für den Wein, aber auch für die erhaltenswerten und (noch) intakten Biotope im Bereich der Terrassenmosel. Doch der Einsatz auf diesem einzigartigen Terroir lohnt. Der renommierte Betrieb, Gründungsmitglied in der anspruchsvollen Erzeugergemeinschaft Deutsches Eck, zählt heute zu den besten an der unteren Mosel und steht in der Riege der Spitzengüter Deutschlands. Drei Urkunden mit dem Bundesehrenpreis der DLG künden vom hohen Standard des Weinguts, von dem sich die Besucher gleich an Ort und Stelle mit Nase und Zunge überzeugen können. Genau wie ein klassischer Mosel sein soll: frisch-fruchtig, mit fein eingebundener Fruchtsäure, so präsentieren sich die Rieslingweine des Winzers, der während seiner Ausbildung auch Erfahrungen in renommierten deutschen und französischen Weingütern sammelte. Er erntet auf den mineralstoffreichen Schieferverwitterungsböden zu 95 Prozent klassischen Riesling, daneben Spätburgundertrauben für elegante, trockene Rotweine. Jede fünfte Flasche wird von Weinfreunden in Belgien, England und den USA geleert – Glas für Glas „flüssige" Werbung für die Region. Seit fast zwei Jahrzehnten stellt Konrad Hähn als prickelnde Alternative zum Wein Rieslingsekte im klassischen Champagnerverfahren her, die zahlreiche Preise errangen. Im hübsch gestalteten Ausstellungsraum findet sich ein interessantes Angebot an Geschenkideen rund um das unerschöpfliche Thema Wein, wie Riesling-Trester und Hefebrände aus dem Eichenfass oder Weinbergpfirsichlikör. Besonders beliebt sind die – zuweilen literarisch oder musikalisch umrahmten – Weinproben im urigen Gewölbekeller, in dem bis zu 75 Personen Platz finden.

Konrad Hähn engagiert sich jedoch nicht nur für die Weine der Region, sondern neben der Keller-, auch für die Theaterkunst. Von Mai bis Oktober verwandelt sich seine Winzerscheune in eine Bühne, auf der Kabarett und Kleinkunst, Lustspiele und Lesungen, Tanz und Musik Gäste von weit her locken. Dass neben dem bunten Programm das leibliche Wohl nicht zu kurz kommt, versteht sich. Im Gutsausschank des Weinguts stärkt man sich vor oder nach den Darbietungen mit regionalen Schlemmereien, fruchtigen Rieslingen oder spritzigem Winzersekt.

Gutsschänke Höreth-Schaaf

Gutsschänke Höreth-Schaaf

Fährstraße 6
56333 Winningen
Telefon 0 26 06-5 97
Telefax 0 26 06-8 97

Ruhetage:
Montag und Dienstag

Wohltuende Gastlichkeit, ein bezauberndes Ambiente und dazu eine Küche zum Verwöhnen schaffen eine ganz besondere Atmosphäre in der Gutsschänke Höreth-Schaaf. Hier kann man entspannen, gelöst miteinander kommunizieren und die Seele wieder in Balance bringen. In dem prachtvollen alten Winzerhaus aus dem 17. Jh. bilden vier urige, liebevoll restaurierte Fachwerk-Stuben ein harmonisches Ensemble mit alten Bauernmöbeln, mächtigen Weinkeltern und Utensilien aus dem Winzerhandwerk. Zur Sommerzeit lockt der gemütlich-romantische Innenhof mit üppig blühendem Oleander und Blick auf das efeuumrankte historische Mauerwerk. Stilgefühl, Geschmack und Sinn für die kleinen Accessoires sind überall spürbar. Doch nichts wirkt ambitiös oder aufgesetzt. Natürlichkeit, Ruhe und heitere Gelassenheit bestimmen den Geist des Hauses.

Den prägt vor allem Birgitt Höreth-Schaaf. Die kunstbegeisterte Gastgeberin, die gern auch mal gegen den Strom schwimmt, hatte eigentlich nicht im Sinn, Wirtin zu werden. Doch „peu à peu", meint sie, habe es sich so ergeben. Aus der Probierstube, die in den 70er Jahren für die Kunden des Weinguts eingerichtet wurde, entwickelte sich eine kleine „Straußwirtschaft". Sie fand so großen Zuspruch, dass man bald mehr Platz schaffen, Speisekarte und Team vergrößern musste. Fast nur Stammgäste kehren hier ein, denn, so die Gastgeberin, „hier sind alle wie eine große Familie".

Küchenchef Stefan Pohl versteht es, aus

jedem Gericht seiner ländlichen Frischeküche ein besonderes Schmankerl zu machen. Seine Palette reicht vom Knobi-Baguette und köstlichen Käsevariationen bis zum erlesenen Festmenü für eine Gesellschaft. Lammbratwurst und Leberpastete sind hausgemacht. Wer es handfester liebt, ordert ein saftiges Steak vom argentinischen Angusrind oder Lammrücken auf provençalische Art. Immer findet sich auch ein leckeres vegetarisches Gericht auf der Karte, wie zum Beispiel der Dinkelauflauf mit frischen Champignons. Viele Bioprodukte wandern in die Küche. Man schätzt den Rhythmus der Jahrzeiten und lebt bewusst im Einklang mit der Natur. Die vorzüglichen Weine kommen aus den besten Lagen und Spitzenweingütern der Terrassenmosel.
Mit der Bezeichnung „Gutsausschank" oder „Weinstube" ist diese Insel mitten im touristischen Getriebe Winningens nur annähernd beschrieben. Keine „Schublade" will so recht passen – ebenso wenig wie bei Birgitt Höreth-Schaaf selbst und ihrer Stellvertreterin Matilda Udiljak. Beide halten sich offen für neue Perspektiven und die wesentlichen Dinge des Lebens. Sie haben gern mit Menschen zu tun und möchten ihnen etwas mitgeben, was auch die Seele bereichert. Dazu trägt neben der ganzen Atmosphäre ebenso die Galerie im Kelterhaus bei, die mit wechselnden Ausstellungen und Vorträgen zum Schauen und Nachdenken anregt und die Dimensionen des Bewusstseins erweitert.

Vorspeisen-Allerlei (Selbstgemachte Leberpastete mit Wildpreiselbeeren, luftgetrockneter Schinken, Räucherforellenmousse, frischer Ziegenkäse vom Hunsrückbauern, Datteln mit Feigensenf, eingelegtes Gemüse der Saison)

Zutaten für die Leberpastete:

Für 2 Pastetenformen

500 g frischer Schweinespeck
750 g mageres Schweinefleisch
750 g Schweineleber
250 g mageres Kalbfleisch

Zubereitung:

Alles sehr fein durch den Fleischwolf drehen und mit
1/2 TL Knoblauch
2 EL Salz
Pfeffer aus der Mühle (relativ viel)
3 EL Sahne
2 TL Zitronensaft
1 EL Mehl
1 Ei
1 TL Pastetengewürz
vermengen.

5 EL Schalotten in 5 EL Butter andünsten und mit 4 EL Weinbrand ablöschen. 150 g feinen Kochschinken würfeln, dazu geben, abschmecken. Die Pastetenformen mit fettem Speck auslegen und die Hälfte der Masse hineingeben.
500 g Hähnchenleber kurz in etwas Butter anbraten und in die Mitte der Form geben, mit restlicher Masse auffüllen und Speck abdecken. Mit Deckel oder Alufolie schließen und bei 185° C im Wasserbad ca. 1 1/2 Std. garen. Über Nacht kaltstellen.

Koblenz

Das Deutsche Eck

Jesuitenplatz

Eigentlich liegt Koblenz nicht am Rhein, sondern an der Mosel. Ursprünglich drehte die Stadt ihr Gesicht nämlich dem kleineren der beiden Ströme zu, wie die Ausrichtung der Altstadt beweist. So oder so – die Koblenzer werden beiderseits von Wasser und Wein umspült, was den besonderen Reiz der schönen Lage ihrer Stadt ausmacht. Von den Gewässern hat sie ihren Namen (fluvii confluentes = zusammenfließende Flüsse), der Wein gab ihren Bewohnern die heiter-gelassene Lebensart, die half, die wechselvolle Geschichte mit immer wieder neuen Herren zu überstehen. Das fruchtbare und verkehrsgünstige Neuwieder Becken um die beiden Flüsse war schon Jahrtausende besiedelt, bevor die Römer hier ein Kastell errichteten. Es schützte zur Zeit des Limes die wichtige Heeresstraße von Mainz nach Köln, die mitten durch die Stadt führte. Bereits damals überquerten zwei stattliche Brücken Rhein und Mosel. Die hervorragende Bausubstanz der römischen Befestigung diente noch im hohen Mittelalter als Stadtmauer. Anno 1018 schenkte Kaiser Heinrich II. die Stadt dem Trierer Kurfürsten, und so entwickelte sie sich zur kurfürstlichen Residenz und zum zweiten bedeutenden Stützpunkt des Kurstaates bis zu seiner Auflösung 1794 durch Napoleon.

Das mittelalterliche Stadtbild fiel Kriegsbränden zum Opfer. Die prächtigen Adelssitze, Klöster und Bürgerhäuser des Barock zerstörten zum großen Teil die Bomben des Zweiten Weltkriegs. Dennoch haben Wiederaufbau und Stadtsanierung viele schöne Denkmäler retten können. Ein Gang durch die gemütliche Altstadt mit Kastorkirche, Florinskirche, der kurtrierischen Stadtburg, die wie die Balduinsbrücke auf römischen Grundmauern steht, und vielen anderen geschichtsträchtigen Bauten vermittelt die Atmosphäre einer Verwaltungsmetropole, in der sich europäische Geschichte und Kultur auf kleinstem Raum verdichten.

Unter Napoleon war Koblenz Hauptstadt eines Départements und man sprach zwanzig Jahre französisch. Keine lange Zeit, doch genug, um sprachliche und andere Spuren zu hinterlassen. So zum Beispiel die

Kaiser-Wilhelm-Denkmal

Schängel-Brunnen

Alte Burg

„Schängel", die frechen Lausbuben der Stadt, denen man humorvoll ein Brunnendenkmal widmete. Schängel ist der kleine Schang, womit die Koblenzer den französischen Namen Jean verballhornten, der in der Franzosenzeit besonders häufig auftauchte. Im weinverwöhnten lebensfrohen Flusswinkel fanden französische Leichtigkeit und mediterrane Kultur durchaus Anklang und kollidierten so manches mal mit preußischer Zucht und Ordnung, die ab 1815 in der neugebildeten Rheinprovinz herrschte. Preußenkönige und Deutsche Kaiser dachten in erster Linie strategisch und bauten Koblenz als „Wacht am Rhein" zur größten Garnisons- und Festungsstadt im Rheinland aus. In Erinnerung an die Reichsgründung 1871 errichtete man Kaiser Wilhelm I. 1897 am Deutschen Eck – der Landspitze, die Mosel und Rhein bilden - ein Ehrenmal, hoch zu Ross und mit der Siegesgöttin an seiner Seite. Das Deutsche Eck verdankt seine Bezeichnung allerdings nicht dem Nationalismus des ausgehenden 19. Jh., sondern dem Deutschen Orden, der 1216 hier seine Verwaltung, die „Komturei", hatte. Sie ist heute ein Museum für moderne französische Kunst.

Den Ersten Weltkrieg überstand das Reiterstandbild unbeschadet, doch nicht den Zweiten. Kurz vor Kriegsende 1945 holte ihn amerikanische Artillerie vom Sockel. Seinen Platz nahm für Jahrzehnte nur eine schwarz-rot-goldene Fahne ein. Dank der Initiative des großen Kunstsammlers Peter Ludwig, der die Zerstörung seiner Vaterstadt selbst miterlebte, und dem Engagement vieler Bürger hat man das Denkmal wieder aufgebaut – diesmal mit 65 Tonnen Bronze statt der vormals 25 Tonnen Kupferblech. 1993 durfte der Kaiser nach heftigen Kämpfen gegen den „Zeitgeist" seinen angestammten Platz wieder einnehmen.

Die gegenüberliegende Rheinseite beherrscht die Festung Ehrenbreitstein, ein grandioses Beispiel klassischer preußischer Kriegsbaukunst. Sie bildet nicht nur wegen der ausgedehnten Festungsanlage samt Kasematten und der Museen eine touristische Attraktion. Von hier hat man auch einen großartigen Blick über die Stadt, den Rhein und die Moselmündung.

Löffel's Keller

Löffel's Keller

Mehlgassee 14 – 16
56068 Koblenz
Telefon 02 61 - 1 00 47 15
Telefax 02 61 - 1 00 47 16
E-Mail guenter@loeffels-keller.de
www.loeffels-keller.de

Ruhetage:
Sonntag und Montag

Nur wenige Fußminuten vom Deutschen Eck entfernt, mitten in der Altstadt, steigen wir im schummrig-warmen Licht von Kerzen und schmiedeeisernen Leuchtern in den wahrscheinlich ältesten Weinkeller von Koblenz hinab. Die Tonnengewölbe stammen aus dem 13. Jh. und existieren damit länger als die einstigen Stadtmauern. Viele Jahre lag dieser Schatz unter Schutt verborgen. Erst in jüngster Zeit wurde er entdeckt und mit ihm eine Fülle an historischen Kostbarkeiten aus Glas, Keramik, Holz, Eisen und Leder. Das alte Gemäuer, stilvoll restauriert und in ein ungewöhnliches Feinschmecker-Restaurant verwandelt, strahlt angenehme Ruhe aus. Wer hier sitzt, fühlt sich der Zeit entrückt, lässt Lärm und Hektik hinter sich, genießt das einzigartige Ambiente von „Löffels Keller". Tafelfreuden in solch stimmungsvoller Umgebung haben ihren besonderen Reiz – um so mehr, wenn ein kreativer Küchen-Profi am Herd steht. Der gastronomische Lebenslauf von Günter Löffel liest sich ebenso europäisch wie seine Speisekarte. Nach der Lehre bei einem elsässischen Chefkoch in einem badischen Traditionshaus sammelte er bei Franz Keller junior Erfahrungen in der französische Haute Cuisine. Löffel kochte bei Ludwig Bechter im Schlosshotel Bühlerhöhe sowie in renommierten Häusern der Schweiz. Als junger Küchenchef debütierte er dann im „Historischen Weinkeller" in Koblenz, aus

dem im Jahr 2001 schließlich „Löffel's Keller" wurde. Den Sprung in die Selbstständigkeit wagte der junge Koch schon zuvor in Polch in der Eifel, wo sein „Landhausrestaurant zum Alten Bahnhof" beliebtes Ausflugsziel für Wanderer, Radler und Naturfreunde ist.
„Europäische Regionalküche" nennt Löffel gern sein Küchencredo. Er hält sich offen für neue Ideen, komponiert das Beste aus allen Regionen und prägt so seinen eigenen Stil – einfach „grenzenlos" gut. Der Guide Millau 2002 setzte ihm dafür eine Haube auf und gab ihm 13 Punkte für „sehr gute Küche", und auch der Michelinführer empfiehlt ihn. Jeden Monat wird die Karte neu geschrieben, damit es für Köche und Gäste spannend bleibt. Zu den Spezialitäten des Hauses zählen Mousse von weißem Trüffel mit hausgebeiztem Hirschrücken, Krustenbraten von der Lammhüfte mit Ratatouille sowie Caramelisierter Apfelpfannkuchen mit Vanilleeis. Fein abgestimmt darauf empfiehlt die Karte Spitzenweine von der Terrassenmosel, badische Gewächse aus der Heimat des Kochs und andere erstklassige internationale Kreszenzen. Dabei kann der Gast auch unter mehr als zehn offenen Weinen wählen. Wer sich Appetit machen will: Alle aktuellen Menüs sind unter www.loeffels-keller.de abrufbar.

Krustenbraten von der Lammhüfte mit Ratatouillegemüse und Röstkartoffeln

Zutaten:

4 x 250 g Lammhüfte mit Fettkruste
2 Knoblauchzehen
1 Sträußchen Thymian
0,5 l Lammgrundfond
0,1 l kräftiger Rotwein
1 EL gehackter Thymian
Olivenöl

Ratatouille:

1 Zwiebel gewürfelt
1 gehackte Knoblauchzehe
je 1 gelbe, grüne und rote Paprika
2 Zucchini
1 EL Tomatenmark
0,1 l Hühnerbrühe
4 entkernte Tomaten gewürfelt
Salz, Pfeffer
500 g Kartoffeln

Zubereitung:

Lammhüfte auf beiden Seiten in Öl anbraten, Knoblauch und Thymian dazu geben und auf der Fettseite mit der Pfanne 15 Min. bei 180° C im Ofen garen, danach 5 Min. in Alufolie ruhen lassen. Pfanne mit Lammfond und Rotwein ablöschen, reduzieren, durch ein Sieb geben, mit Weizenstärke binden und Thymian würzen.
Für das Ratatouillegemüse Zwiebel, Knoblauch und Gemüsewürfel bei geringer Hitze in Olivenöl anschwitzen, Tomatenmark und Hühnerbrühe dazugeben, salzen, pfeffern und ca. 5 Min. leicht ziehen lassen, dann Tomaten 2 Min. ziehen lassen, Basilikum zugeben.
Gegarte, kleine Kartoffeln in Olivenöl goldgelb braten und mit Salz und Pfeffer würzen.

Chuchi Confluentes

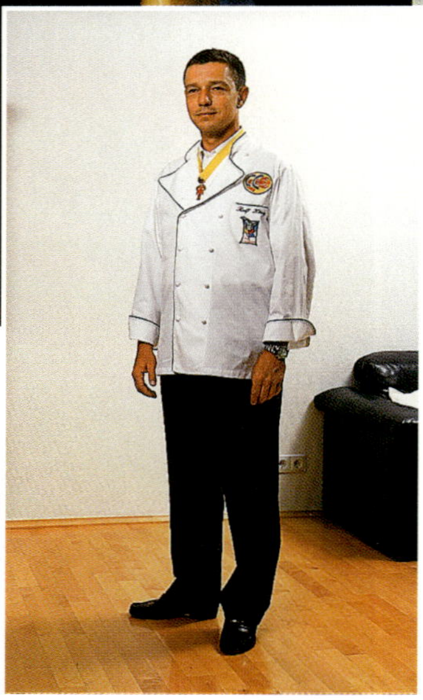

Chuchi Confluentes
Koblenz

Auf dem Leim 22
56218 Mülheim-Kärlich
Telefon 0 26 30 - 95 82 00
Telefax 0 26 30 - 95 82 02

Wenn Männer mit Lust und Leidenschaft zum Kochlöffel greifen, hat das mit der profanen Verköstigung hungriger Mäuler nichts mehr zu tun. Die Zubereitung von Speisen wird zur hohen Kunst, ihr Genuss zum Erlebnis. So auch beim Club kochender Männer in der Bruderschaft Marmite e.V. Diese Vereinigung von Hobbyköchen, der rund tausend Mitglieder in sechs Ländern angehören, wurde 1960 ins Leben gerufen - zu einer Zeit also, als die deutsche Küche in Europa noch wenig Renommee besaß. Sowohl Profiköche als auch die häusliche Küche waren vom heutigen Standard Meilen entfernt. Doch mit dem Wohlstand wuchsen die Ansprüche und mit den Reisen der kulinarische Horizont. Deutschland holte auf. Immer mehr Männer drangen in die traditionell weibliche Domäne und wählten Kochen als kreative Freizeitbeschäftigung.

Die „Chuchi Confluentes Koblenz" zählt zur Zeit 15 kochbegeisterte Mitbrüder. Angehörige der unterschiedlichsten Berufe taten sich 1994 zusammen, um einmal im Monat ein erlesenes Menü zu bereiten und gemeinsam zu genießen. Die klassische große Küche, wie sie heute in der deutschen und internationalen Spitzengastronomie gepflegt wird, dient als Vorbild, um die Liebe zur Kochkunst und Esskultur zu fördern. Die begleitenden Weine kommen aus besten regionalen und internationalen Weingütern und werden sorgfältig ausgewählt. Ebenso großen Wert legen die Freizeitköche auf gute Tischsitten. Tischdekoration und Speisekarte sind jeweils harmonisch auf das Menü abgestimmt und steigern das gemeinsame Essvergnügen. Es schließt jeweils mit einer kritisch-wohlwollende Laudatio ab, die abwechselnd von einem der Kochbrüder vorgetragen wird.

Jeder von ihnen kann sich in die begehrten Kochränge des „Chef de Chuchi", „Maitre de Chuchi" sowie in die Spitze eines „Grand Maitre des Chuchi" hineinkochen. Die Prüfungen folgen streng festgelegten Regeln und werden von einer externen Jury abgenommen. In Koblenz ist man stolz darauf, zur Zeit vier „Grand Maitre", fünf „Maitre" und fünf „Chefs" in den Reihen bzw. an den Kochtöpfen zu haben. „Ehren" - Grand Maitre ist Sterne-Koch Stephan Steinheuer, Koch des Jahres 2000 in Deutschland, der mit seiner Kunst das Niveau des Clubs wesentlich geprägt hat. Engagement und handwerkliches Können haben die Hobbyköche inzwischen weit über die Grenzen der Garnisonsstadt hinaus bekannt gemacht und verlangen selbst angesehenen Meisterköchen Respekt ab.

Einmal im Jahr kommen mehrere Chuchinen auf dem Ordensprovinzfest zusammen und verwöhnen das allgemeine Publikum mit ihrer Kunst. Die Chuchi Confluentes trifft man daneben bei verschiedenen regionalen Veranstaltungen, wo sie z.B. Weinpräsentationen mit ihrer Gourmet-Küche begleiten. Auch für ihr soziales Engagement sind sie bekannt und gern gesehene Akteure bei entsprechenden Initiativen von Firmen oder Instititutionen.

Lammkeule unter der Bärlauchkruste

Zutaten für 6 Personen:

2 Lammkeulen, ausgebeint, 4 EL Olivenöl, 2 Knoblauchzehen, gehackt, 3 Schalotten, gewürfelt, 100 ml Weißwein, 500 ml Geflügel- oder Gemüsebrühe, 2 Tomaten, grob geschnitten, 1 Lorbeerblatt, 6 Zweige Thymian, 2 Zweige Rosmarin, Salz, Pfeffer

Für die Kruste:

6 EL weiche Butter, 2 Eigelb, 2 EL Petersilie gehackt, 4 EL Bärlauch gehackt (oder Schnittlauch), 4 EL Tomatenpesto, 4-6 EL Paniermehl, Salz, Pfeffer

Zubereitung:

Keulen waschen, trocken tupfen, salzen und pfeffern. Öl erhitzen, Knoblauch, Schalotten und Keulen anbraten, Wein und Brühe angießen. Tomaten und Kräuter zugeben, zugedeckt im Ofen bei 180° C ca. 1 Std. garen. Heraus nehmen und warm halten. Fond durchsieben. Butter schaumig rühren, Eigelb, Petersilie, Bärlauch, Pesto und Paniermehl einarbeiten, salzen, pfeffern und im Kühlschrank fest werden lassen. Dann in Scheiben schneiden, auf die warmen Keulen legen und unter dem Grill goldbraun überbacken.

Deutsche Wein- und Sommelierschule

Deutsche Wein- und Sommelierschule

Hohenfelder Straße 12
56068 Koblenz
Telefon 02 61 - 3 04 89 30
Telefax 02 61 - 3 04 89 34
E-Mail baltes@weinschule.com
www.weinschule.com

Welcher Wein harmoniert mit einem Gänsestopfleberparfait? Was trinkt man zum zartaromatischen Fischgericht und welche Kreszenzen als optimale Begleiter zu würzigem Käse? Sommeliers bzw. Weinkellner beraten den Gast und helfen ihm bei der richtigen Wahl. Denn erst wenn Wein und Speisen perfekt zusammen passen, wird ein Gourmet-Menü zum vollkommenen Genuss. Die Weinexperten empfehlen ebenso Aperitif wie Digestif und kennen sich selbst mit guten Zigarren aus. Zu ihren Aufgaben gehören darüber hinaus Aufbau und Gestaltung der Weinkarte, die kompetente Pflege des Weinkellers und die Planung von Weinveranstaltungen.

Mit der Liebe zum Wein wächst in Deutschland auch die Bedeutung des Sommelier-Berufs. Gastronomie und Weinfachhandel brauchen immer mehr gut ausgebildete Fachleute. Seit 1994 gibt es deshalb in Koblenz die Deutsche Wein- und Sommelierschule (DWS), die dem Gastronomischen Bildungszentrum der Industrie- und Handelskammer angegliedert ist. Alexander Kohnen hat die Leitung übernommen. Als

ehrenamtlicher Präsident fungiert Hans-Jürgen Podzun, Hauptgeschäftsführer der IHK Koblenz. 18 Experten aus Gastronomie, Handel, Verbänden und der Weinerzeugung bilden den Fachbeirat. Die Schule arbeitet eng mit nationalen und internationalen Handelsdelegationen zusammen und pflegt den Austausch mit Weinschulen anderer Länder. So kooperiert sie auch als offizieller Ausbilder mit der renommierten Johnson & Wales Universität in Rhode Island (USA), wo Studenten den Titel „European Sommelier“ erwerben können.

Das Seminarangebot richtet sich sowohl an Laien wie an Profis. Beliebt bei Weinnovizen und Weinfreunden sind Tagesseminare wie „Grundlagen der Sensorik“ und das „Wein-Intensiv-Seminar“ . Hier kann jeder seine Sinne für den Rebensaft entdecken und schärfen. Das Wein-Intensiv-Seminar vermittelt darüber hinaus innerhalb von vier Tagen alles Wissenswerte zum Thema Wein - von der Sensorik über Anbau und Erzeugung bis zur harmonischen Abstimmung auf den Geschmack der Speisen.

Bundesweit einzigartig sind die beiden berufsbegleitenden Ausbildungen zum „IHK-geprüften Sommelier“ und „IHK-geprüften Weinfachberater für den Handel“. Große Konzerne und die Spitzengastronomie machen gern von diesem Angebot Gebrauch und schicken ihre Mitarbeiter zur Qualifizierung nach Koblenz oder Berlin, wo inzwischen eine Niederlassung der DWS existiert. Im Jahr 2001 kamen über 400 Teilnehmer. „Weiterbildung ist wichtig für die Karriere“, so Alexander Kohnen, der sich über den lebhaften Zuspruch freut. Während des Lehrgangs zum „IHK-geprüften Sommelier“ werden neben der Vermittlung fundierter Kenntnisse rund 700 Weine und 100 Schaumweine degustiert. Auch Exkursionen in Weinbauländer, zu Messen und deutschen Spitzenweingütern zählen zum Ausbildungsprogramm. Den Abschluss bildet die IHK Prüfung auf Meisterniveau. Die Qualifikation zum „IHK-geprüften Weinfachberater“ wendet sich vor allem an den Weinhandel. Schwerpunktthemen der intensiven Fortbildung sind Weinkunde, Sensorik, Grundlagen der Kommunikation sowie Event-Marketing.

Moderne Seminarräume, innovative Lehrkonzepte sowie konsequente Orientierung an der Praxis machen das Koblenzer Kompetenzzentrum in Sachen Wein für Weininteressierte aus vielen Berufen attraktiv.

Wer „tiefer“ ins Glas blicken, seinen Reichtum riechen, schmecken und beurteilen will, wendet sich einfach an die Deutsche Wein- und Sommelierschule. Dort gibt man über alle Seminare und berufsbegleitenden Angebote gern Auskunft.

Kulinarische Empfehlungen

Altes Brauhaus 74
Gestade 4
54470 Bernkastel-Kues
Telefon 06531/2552
Telefax 06531/915547
www.hotel-baeren.de

Alte Zunftscheune 100
Neue Rathausstraße
56841 Traben-Trarbach
Telefon 06541/9737
Telefax 06541/9737
www.zunftscheune.de

Weinhaus **Ayler Kupp** 18
Trierer Straße 49
54441 Ayl
Telefon 06581/3031
Telefax 06581/2344
www.riesling-weine.de

Romantik Jugendstilhotel **Bellevue** 96
Am Moselufer
56841 Traben-Trarbach
Telefon 06541/7030
Telefax 06541/703400
www.bellevue-hotel.de

Bischöfliche Weingüter 24
Gervasiusstr. 1
54290 Trier
Telefon 0651/145760
Telefax 0651/40253
www.vbwtrier.de

Brauneberger Hof 62
Hotel, Restaurant, Wein- & Sektgut
Moselweinstraße 136
54472 Brauneberg
Telefon 06534/1400
Telefax 06534/1401
www.mosel-erlebnis.de

Turm-Gasthaus **Burg Thurant** 140
Moselstraße 15
56332 Alken
Telefon 02605/3581
Telefax 02605/2152
www.alken.de

Weingut Clemens **Busch** 110
Kirchstraße 37
56862 Pünderich
Telefon 06542/22180
Telefax 06542/1625

Weingut **Conrad-Bartz** 98
Wolferweg 41
56841 Traben-Trarbach
Telefon 06541/6817
Telefax 06541/3369

Hotel **Eurener Hof** 34
Eurener Straße 171
54294 Trier
Telefon 0651/82400
Telefax 0651/800900
www.eurener-hof.de

Weingut Leo **Fuchs** 134
Hauptstraße 3
56829 Pommern
Telefon 02672/1326
Telefax 02672/1336
www.leo-fuchs.de

Gutsschänke Höreth-Schaaf 144
Fährstraße 6
56333 Winningen
Telefon 02606/597
Telefax 02606/897

Hotel-Restaurant Weinstuben **Hieronimi** 128
Uferstraße 14 – 15
56812 Cochem-Cond
Telefon 02671/7271
Telefax 02671/91163
www.weinstuben-hieronimi.de

Historische Senfmühle 126
Stadionstraße 1
56812 Cochem-Cond
Telefon 02671/607665
Telefax 02671/607667
www.senfmuehle.net

Weingut C. A. **Immich-Batterieberg** 108
Im Alten Tal 2
56850 Enkirch
Telefon 06541/83050
Telefax 06541/830516
www.batterieberg.de

Hotel-Restaurant **Karlsmühle** 48
Im Mühlengrund 1
54318 Mertesdorf
Telefon 0651/5123
Telefax 0651/52016
www.karlsmuehle.de

Weingut **Karlsmühle** 50
Im Mühlengrund 1
54318 Mertesdorf
Telefon 0651/5124
Telefax 0651/5610296
www.weingut-karlsmuehle.de

Weingut **Karthäuserhof** 40
Karthäuserhof
54292 Trier-Eitelsbach
Telefon 0651/5121
Telefax 0651/53557
www.karthaeuserhof.com

Krone Riesling 58
Hotel und Restaurant
Moselpromenade 9
54349 Trittenheim
Telefon 06507/92630
Telefax 06507/926340
www.krone-riesling.de

Kucher's Landhotel 118
Karl-Kaufmann-Straße 2
54552 Darscheid/Vulkaneifel
Telefon 06592/629
Telefax 06592/3677
www.Kucherslandhotel.de

Löffel's Keller 148
Mehlgasse 14 -16
56068 Koblenz
Telefon 0261/1004715
Telefax 0261/1004716
www.loeffels-keller.de

Weingut **Meulenhof** 88
Zur Kapelle 8
54492 Erden
Telefon 06532/2267
Telefax 06532/1552
www.bernkasteler-ring.com

Landgasthof **Michels** 120
Sankt Martinstraße 9
54552 Schalkenmehren
Telefon 06592/9280
Telefax 06592/928160
www.landgasthof-michels.de

Weingut Markus **Molitor** 82
Haus Klosterberg
54470 Bernkastel-Wehlen
Telefon 06532/3939
Telefax 06532/4225
www.Wein-Markus-Molitor.de

Moselromantik-Hotel 124
Keßler-Meyer GmbH
Am Reilsbach 12
56812 Cochem-Sehl
Telefon 02671/97880
Telefax 02671/3858
www.hotel-kessler-meyer.de

Hotel-Restaurant **Moselschild** 84
Moselufer 14
54539 Ürzig
Telefon 06532/93930
Telefax 06532/939393
www.moselschild.de

Oase Moselschlößchen 106
Neue Rathausstraße
56841 Traben-Trarbach
Telefon 06541/8320
Telefax 06541/832255
www.moselschloesschen.de

Hotel Restaurant **Ostermann** 130
Lützbach
56253 Treis-Karden
Telefon 02672/12389
Telefax 02672/7789

Weingut von **Othegraven** 20
Weinstraße 1
54441 Kanzem
Telefon 06501/150042
Telefax 06501/18879
www.von-Othegraven.de

Palais Kesselstatt 26
Liebfrauenstraße 10
54290 Trier
Telefon 0651/40204
Telefax 0651/42308
www.restaurant-kesselstatt.de

Weingut Max Ferd. **Richter** 66
Hauptstraße 37/85
54486 Mülheim
Telefon 06534/933003
Telefax 06534/1211
www.maxferdrichter.com

Weinromantikhotel **Richtershof** 64
Hauptstraße 81-83
54486 Mülheim
Telefon 06534/9480
Telefax 06534/948100
www.richtershof.de

Saarburger Hof 16
Hotel Restaurant
Am Fruchtmarkt
54439 Saarburg
Telefon 06581/92800
Telefax 06581/928080
www.saarburg.de

Sektgut **Sankt Laurentius** 54
Laurentiusstraße 4
54340 Leiwen
Telefon 06507/3836
Telefax 06507/3896
www.st-laurentius-sekt.de

Kulinarische Empfehlungen

VERZEICHNIS DER REZEPTE

Wenn nicht anders angegeben, sind die Rezepte für vier Personen berechnet.

Kulinarische Entdeckungsreisen...

...durch die schönsten Regionen Deutschlands

ISBN 3-8295-6321-3

ISBN 3-8295-6412-0

ISBN 3-8295-6410-4

ISBN 3-8295-6411-2

ISBN 3-8295-6420-1

ISBN 3-8295-6421-X

ISBN 3-8295-6417-1

ISBN 3-8295-6402-3

ISBN 3-8295-6404-X

ISBN 3-8295-6409-0

ISBN 3-8295-6413-9

ISBN 3-8295-6418-X

ISBN 3-8295-6416-3

ISBN 3-8295-6415-5

Angaben für alle Titel:
Hardcover – 24 x 30 cm – Fadenheftung –
ca. 160 Seiten – ca. 300 Farbfotos – 1 Karte.

Ihre kulinarischen Ansprechpartnerinnen

Katharina Többen · Angela Thomaschik
Stuttgarter Straße 18-24 · 60329 Frankfurt am Main
Telefon 0 69/26 00 551 · Telefax 0 69/26 00 559
e-Mail: info@umschau-buchverlag.de
www.umschau-buchverlag.de

UMSCHAU

IMPRESSUM

Die deutsche Bibliothek – CIP-Einheitsaufnahme
Eine kulinarische Entdeckungsreise entlang der Mosel
Ursula und Peter Schneider, Jürgen Schulzki
(Hrsg. Katharina Többen). –
Frankfurt/Main: Umschau Buchverlag, 2002
ISBN: 3-8295-6420-1

Gestaltung und Satz
juhu media, Susanne Dölz, Bad Vilbel

Reproduktionen
Lithotronic-Media, Frankfurt a. Main

Fotos
Jürgen Schulzki, Köln
mit Ausnahme von: Weinhaus Ayler Kupp (S. 18/19), Hotel Eurener Hof (S.34/35), Weinromantikhotel Richtershof (S. 64), Saxler's Restaurant (S. 80 unten), Mosel-Saar-Ruwer Wein e.V. (S. 87 links und mitte), Weingut Friedrich Storck (S. 104 unten, S. 105 oben), Ursula und Peter Schneider (S. 116/117), Landgasthof Michels (S. 120 oben), Brennerei Vallendar (S. 138/139), Chuchi Confluentes (S. 150)

Texte
Ursula und Peter Schneider, Bruttig-Fankel

Karte
Elsner & Schichor, Karlsruhe

Herausgeberin
Katharina Többen, Neckargemünd

Druck und Verarbeitung
Druckhaus Beltz, Hemsbach

Printed in Germany

ISBN 3-8295-6420-1

Titelfotografie
Gebratenes Rotbarbenfilet, Waldhotel Sonnora